ciencia que ladra…
serie mayor

Dirigida por Diego Golombek

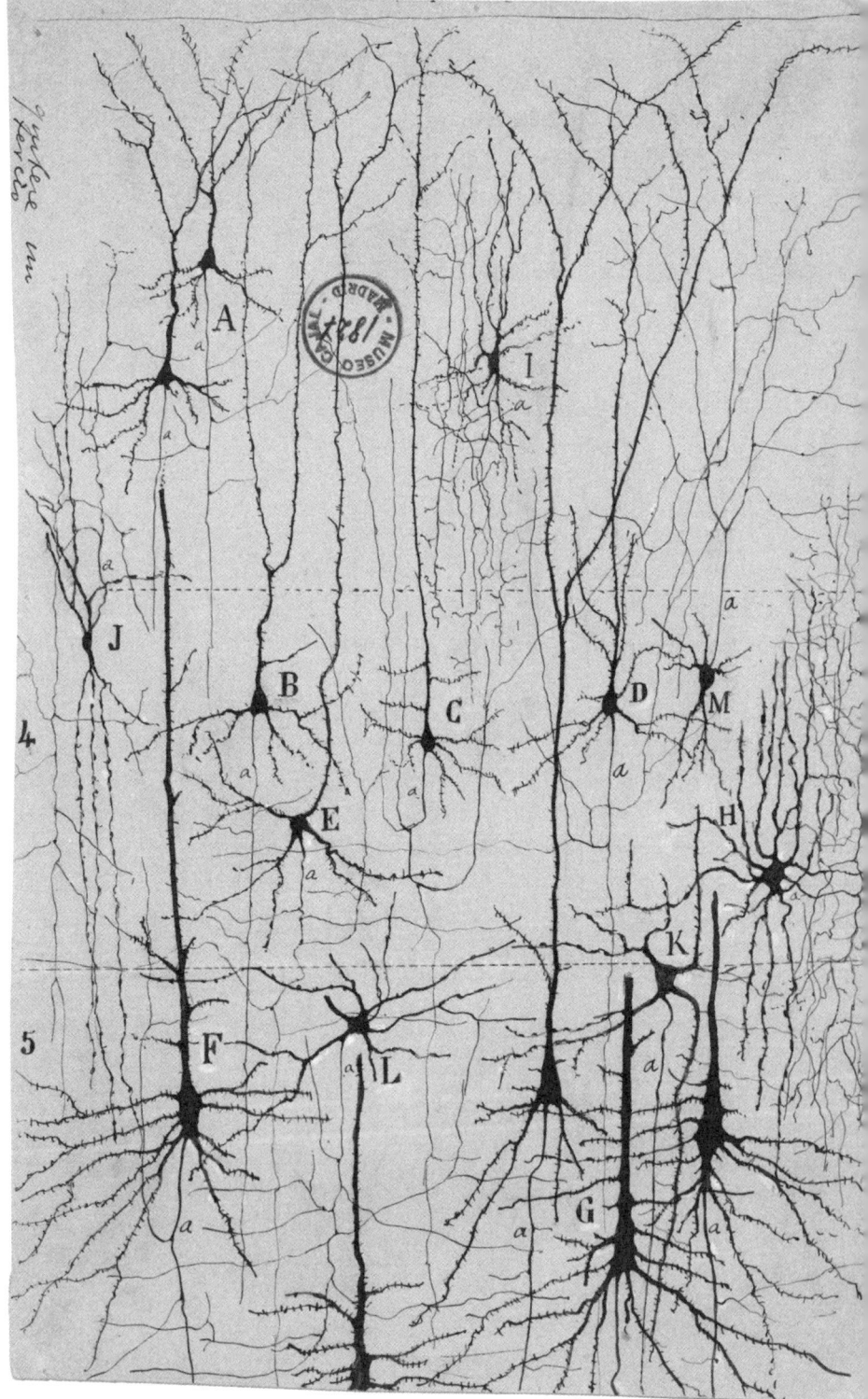

EN **BUSCA** DE LA **MENTE**

Stanislas Dehaene

El largo camino de la ciencia para comprender la vida mental (y lo que aún queda por descubrir)

Lección inaugural dictada en el Collège de France el 27 de abril de 2006

Traducción de Luciano Padilla López

 **siglo veintiuno** editores

españa
siglo xxi editores
www.sigloxxieditores.com
travesía bellver, 2, 28039, madrid

argentina
siglo xxi editores
www.sigloxxieditores.com.ar
guatemala 4824, c1425bup, buenos aires

méxico
siglo xxi editores
www.sigloxxieditores.com.mx
cerro del agua 248, coyoacán, 04310, ciudad de méxico

*Cet ouvrage, publié dans le cadre du Programme d'aide à la publication Victorta Ocampo,
a bénéficié du soutien de l'Institut français d'Argentine*
Esta obra, publicada dentro del marco del Programa Victoria Ocampo de Ayuda
a la Publicación, cuenta con el apoyo del Institut Français d'Argentine

Título original: *Vers une science de la vie mentale*
(Collège de France - Fayard, 2006)

1ª edición en España: mayo de 2025

Supervisión técnica de Horacio Cárdenas y Yamila Sevilla

Diseño de cubierta: Eugenia Lardiés
Viñetas de páginas 4, 12, 18, 19 y 110: originales de Santiago
Ramón y Cajal

ISBN: 978-84-323-2150-4
Depósito legal: M-10492-2025

Impreso en España. *Printed in Spain.*

Índice

Este libro (y esta colección)

Si pudieras olvidar tu mente / frente a mí, /
sé que tu corazón / diría que sí.
Charly García, "Seminare"

La escena es de película francesa. La nueva luminaria de las ciencias es elegida como catedrático en el célebre Collège de France y, como es de rigor (al fin y al cabo, se trata de un "colegio"), debe dictar su primera clase.

Eso es el Collège: un lugar donde, tal cual informa su lema, se puede "enseñar todo". Allí, en la calle de las escuelas –no podía ser de otra manera– nació en el siglo XVI para dictar como clases y conferencias las materias que le sobraban a la vecina Sorbona, incluida la matemática, que por lo visto no gozaba de la mejor prensa en el París de la época (poco después llegaría Descartes para tomar cartas en el asunto). Y nuestro héroe actual es, como veremos, matemático, entre otros felicísimos pergaminos.

Pero ¿para quién son estas célebres clases y conferencias? Para cualquiera que desee tomarlas, con la condición de no pedir a cambio nada más que el goce del conocimiento. Sí: en este lugar donde se persigue "la idea de una investigación libre" y son seleccionados los mejores de los mejores académicos franceses, no se entregan títulos ni certificados, sólo sabiduría.

Y allí va nuestro héroe, entonces, a su clase. Carraspea, bebe un sorbo de agua, saluda a tres generaciones de maestros, colegas, alumnos y comienza la lección con que inaugura la cátedra de Psicología Cognitiva Experimental. Un momento: es necesario deconstruir tan pomposo título. Psicología: el estudio de la psique, o sea… del alma, aunque ahora, con tanto o más misterio, la llamemos "mente". O sea una búsqueda de entender qué hacemos, por qué lo hacemos e intuir lo que no se ve y que motiva el comportamiento. (Y después de varias décadas la Psicología vuelve a entrar por la puerta grande de la gran institución del saber francés.) Cognitiva: nos quedamos más del lado de adentro, con esos procesos mentales que nos hacen leer, contar, decidir, recordar, emocionarnos. Experimental: sí, todo eso puede estudiarse mediante experimentos, en laboratorios, con instrumentos lectores de cerebros.

Y sin duda nuestro flamante catedrático es uno de los más importantes descifradores de mentes del mundo. Ojo: no es que todos estén de acuerdo en su propósito. Existen quienes afirman que entender la mente, el pensamiento o la conciencia son ejemplos de "el problema difícil": aquel que, por más que nos esforcemos, siempre nos resultará esquivo, como si las leyes de la naturaleza no nos alcanzaran para comprender una de las cuestiones más complejas del universo. Afortunadamente, esta lección desgrana una a una las evidencias que dan esperanza de que sí, de que estamos hechos para conocer y conocernos, y con los experimentos y análisis adecuados, conquistaremos la mente. Claro que para entenderla necesitaremos un ejército de disciplinas: la psicología, sí, pero también la neurobiología, la física, la matemática, la computación y la filosofía.

Está bien: con cada paso que damos, la meta parece alejarse un poquito, porque se nos abren nuevas –y fascinantes– preguntas. Pero, a diferencia de la paradoja de Zenón (aquella de Aquiles y la tortuga), a veces damos pasos más largos y, en una verdadera iluminación, aprendemos a mirar distinto, y de pronto descubrimos cómo hace el cerebro para contar hasta diez, para leer sus primeras o últimas palabras, para saber que tiene al resto del cuerpo atado y que ese cuerpo siente, duele, se mueve y se emociona. Quien ha dado algunos de los pasos más largos en esta carrera no es otro que el mismo Stanislas Dehaene, quien nos habla en esta clase inaugural y en estas páginas, quien ya nos deslumbró con otros títulos maravillosos en esta colección y quien –además de dar clases en el Collège de France, dirigir su laboratorio o ganar el mayor premio mundial en neurociencias– últimamente anda asesorando al presidente de su país en cuanto a cómo aprovechar todo lo que sabemos del cerebro y aplicarlo en la educación. Y allí nos lleva, en busca de la mente.

Saquen sus cuadernos y... silencio, que comienza la clase.

La Serie Mayor de Ciencia que ladra es, al igual que la Serie Clásica, una colección de divulgación científica escrita por científicos que creen que ya es hora de asomar la cabeza por fuera del laboratorio y contar las maravillas, grandezas y miserias de la profesión. Porque de eso se trata: de contar, de compartir un saber que, si sigue encerrado, puede volverse inútil.

Ciencia que ladra... no muerde, sólo da señales de que cabalga.

Diego Golombek

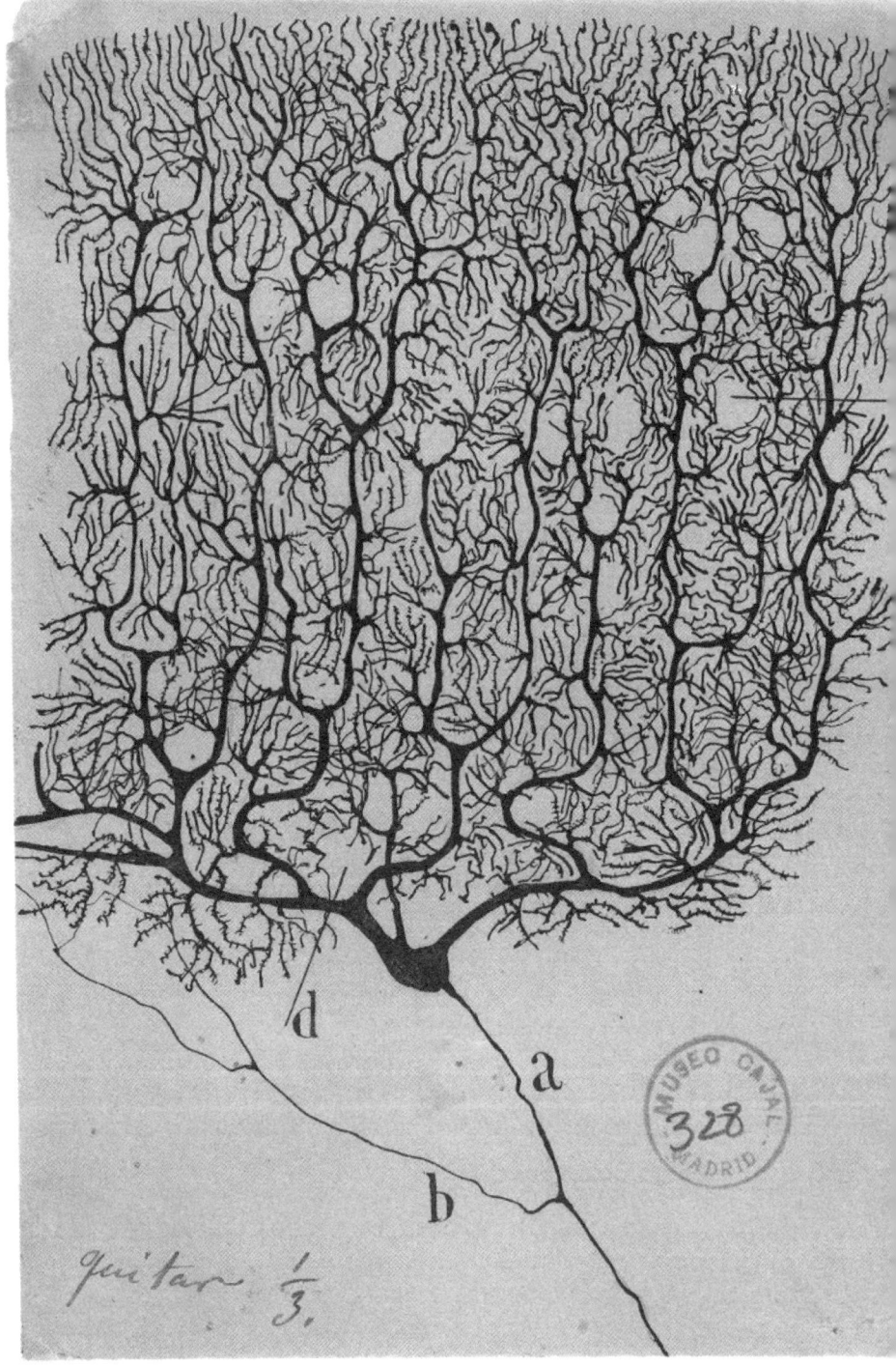

d

a

b

guitar. 1/3.

Los albores de la ciencia psicológica

"El hombre común se maravilla ante cosas fuera de lo común. El hombre sabio se maravilla ante lo que forma parte del sentido común." Sin ánimo de alardear, diré que esa máxima atribuida a Confucio hace de mí un gran sabio, ya que, de comienzo a fin, mi tesis de ciencias se ocupaba de la más banal de las preguntas: ¿cómo comparamos dos números y llegamos a decidir que 3 es mayor que 2?

Como ustedes, lectores, descubrirán más adelante en este mismo libro, no sólo esta pregunta es todo, menos evidente, sino que representa el epítome de las leyes más generales de la toma de decisión humana. Al analizar la comparación de dos números, entenderemos cómo el cerebro representa una información, cómo toma una decisión y qué arquitectura neuronal le permite realizar este tipo de operaciones.

La ciencia psicológica, tal como la entendemos en nuestros días en clave cognitiva, busca comprender y formalizar en ecuaciones las operaciones primarias de la mente humana. Por eso, suelen interesarle las situaciones más banales de la vida cotidiana: ¿cómo reconocemos un rostro? ¿Cómo comprendemos el sentido de una palabra? ¿Por qué nos reímos? ¿Qué mecanismos nos permiten almacenar en la memoria un número de teléfono? ¿Cómo sabemos si acabamos de cometer un error? ¿Qué pasa cuando tenemos una palabra en la punta de la lengua?

Según el filósofo y matemático inglés Alfred North Whitehead, "hace falta una mente muy poco corriente para acometer el análisis de lo obvio".[1] Ahora bien, la existencia de la mente es obvia, la damos por sentada: pensamos, luego existimos (nada más inmediato y menos misterioso que esto). En cualquier rincón del planeta, los humanos admiten que el mundo está hecho de objetos materiales y de objetos pensantes, dos entidades radicalmente diferenciadas cuya existencia se admite como axioma, sin mayor análisis al respecto. Esta diferenciación, que en mayor o menor grado es una construcción cultural, parece resolverse en lo profundo de nuestro cerebro. Allí, dos circuitos neuronales distintos se encargan, respectivamente, del conocimiento de los objetos materiales y de las personas, e incluso los bebés de pocos meses prevén que unos y otras se comportarán de modo muy diferente: los primeros, según las leyes de la física y las segundas, según sus gustos, sus intenciones y sus creencias.

Sin lugar a dudas, por este motivo la psicología científica necesitó tanto tiempo para salir a la luz. Durante milenios, y más allá de los deslindes teóricos que van de Aristóteles a –digamos– Freud, la humanidad dio por sentado que la mente era unitaria, indivisible y que funcionaba "a la velocidad del pensamiento", vale decir, de modo tan fulmíneo que no era posible una medición.

---

1 A. N. Whitehead, *Science and the Modern World. Lowell Lectures 1925*, Cambridge (Reino Unido), Cambridge University Press, 1926, p. 5: "It requires a very unusual mind to undertake the analysis of the obvious" [ed. cast.: *La ciencia y el mundo moderno*, Buenos Aires, Losada, 1949]. [N. de T.]

Hubo que esperar hasta el siglo XIX para que un oftalmólogo holandés, Franciscus Donders, descubriese que
no sólo esa velocidad no es infinita, como la velocidad
de la luz, sino que incluso nuestras decisiones más simples (¿esta letra es una O o una X?) requieren un tiempo considerable, que ronda entre un tercio de segundo
a medio segundo. Eso marca el comienzo de la gran
época de la psicofísica y del análisis del comportamiento, que hoy en día continúan su avance. La psicofísica
se propone estudiar cuantitativamente los procesos de
percepción, estableciendo un vínculo entre la magnitud
de un estímulo y la intensidad con que este es percibido
por el cerebro. La suya es la pregunta por el nexo men-
surable entre las sensaciones internas y los estímulos físicos externos de los cuales aquellas provienen.

También datan de esa época los primeros estudios en
profundidad de pacientes afectados por lesiones cerebrales. Afasia, anomia, alexia: esas pérdidas selectivas de
tal o cual facultad cognitiva sugieren que la mente no
funciona como un todo, como una unidad inescindible,
sino que se organiza en "módulos" vinculados con diferentes territorios del cerebro.

Y en esta época de la ciencia occidental, por lo demás,
surgen los primeros análisis detallados de ilusiones óp-
ticas (aunque ya en el siglo X el matemático y filósofo
medieval Alhazen[2] había descrito varias de ellas). El físico y filósofo austríaco Ernst Mach, así como el fisiólogo (y también físico) alemán Hermann von Helmoltz,
comprenden que nuestro acceso al mundo exterior se

---

2 Alhazen o Alhacén es forma latinizada de al-Ḥasan (el nombre de
este científico era Abū ʿAlī al-Ḥasan ibn al-Haytham). [N. de T.]

da sólo indirectamente, por inferencia, y a menudo de manera errónea.

Por ende, la mente no es rápida, unitaria ni transparente: puede analizarse. Pero para el surgimiento de la actual psicología científica todavía harán falta dos grandes adelantos. El primero es la aparición de una ciencia de la computación y de la informática. Ya en 1936 el británico Alan Turing analiza el funcionamiento de la mente de un matemático, y eso le sirve de inspiración para concebir la máquina que en nuestros días lleva su nombre y cuyos programas llegan (al menos en teoría) a realizar la totalidad de los cálculos accesibles para un ser humano. Más tarde –con los aportes del ingeniero, matemático y (al igual que Turing) criptógrafo Claude Elwood Shannon y el matemático húngaro-estadounidense John von Neumann–, llega el gran despliegue de la informática y de la ciencia de la información (despliegue que trae aparejada una pregunta más específica: ¿cómo programar una máquina para que reproduzca el desempeño de un humano?). En esta forma, aun nuestras capacidades más simples –como la de reconocer una palabra independientemente del hablante que la enuncia– dejan de parecer triviales para volverse tema de investigaciones, que en sus primeros pasos se permiten soslayar la riqueza de nociones y emociones del primate humano. Las ciencias cognitivas nacen de este interrogante: ¿qué algoritmos explican los logros del cerebro de nuestra especie?

El segundo avance o hallazgo es el de la neurobiología. Desde comienzos del siglo XX, el biólogo (y futuro premio Nobel) Santiago Ramón y Cajal comprende que el cerebro está formado por decenas de miles de millones de células independientes, las neuronas, que hacen cálculos intercambiando mensajes eléctricos y químicos unas con otras. Pero ¿cómo llega un conjunto de células a hacer cálculos? Esta pregunta marca el inicio de una aventura intelectual y tecnológica que continúa hoy en día. Microscopios, electroencefalógrafos, magnetoencefalógrafos, tomógrafos por emisión de positrones, resonadores magnéticos que generan imágenes funcionales... Esa gran variedad de métodos permite visualizar a distintas escalas la organización y la actividad de enormes redes neuronales, y hasta del cerebro entero, a veces con detalle de cada neurona (en el pez cebra, por ejemplo). Al mismo tiempo, da origen a una nueva rama de la informática: una ciencia de las redes que revela cómo unidades elementales (precisamente, las neuronas), vinculadas unas con otras por millones de conexiones (las sinapsis) llegan a tomar decisiones sofisticadas. Actualmente, sabemos que modelizaciones informáticas, las "redes de neuronas formales", obtienen logros iguales o mejores que los de un cerebro humano, sobre todo en el reconocimiento y la manipulación de imágenes.

La investigación contemporánea en el campo de la psicología ya no puede prescindir de informática y neurociencias, dos pilares decisivos. Esta intersección de disciplinas define lo que llamamos "neurociencias cognitivas": la búsqueda de las leyes y de los mecanismos elementales que rigen y forman nuestros comportamientos y nuestros pensamientos. Esta búsqueda contemporánea es una de las más estimulantes de todas las ciencias, ya que intenta esclarecer el más íntimo de los secretos de la naturaleza: la naturaleza misma de nuestra mente. Según este enfoque, cada uno de nuestros recuerdos, de nuestras decisiones o de nuestras introspecciones es resultado de la actividad coordinada de millones de neuronas. Gracias a los métodos de las neurociencias podemos analizar esa actividad y confiar en reproducirla en un dispositivo artificial. En cada uno de nosotros anida toda la gama de comportamientos (normales o patológicos) de la humanidad. Por eso, debemos desentrañar todas las enfermedades de la mente –desde las más anodinas ilusiones visuales hasta las formas graves de autismo, esquizofrenia o Alzheimer– como resultado previsible de una máquina extraordinariamente sofisticada, pero pasible de verse expuesta a *inputs* anormales o calibraciones inexactas.

En eso consiste el proyecto de la "ciencia de la vida mental" que les propongo descubrir en estas breves páginas. Por supuesto, noto que todavía hay muchas personas escépticas al respecto: consideran que el pensamiento es uno de los ámbitos inefables que la ciencia nunca llegará a conquistar. En su opinión, la psicología forma parte de las ciencias "blandas" que, envidiosas del rigor propio de la física o de la química –ciencias "duras"–, nunca las igualan.

A escépticos de ese tipo se dirige este libro. Espero convencerlos de que la mente tiene sus leyes, igual de rigurosas que las de la física; por nuestra parte, sencillamente vamos en camino a descubrirlas.

S. D.
agosto de 2018

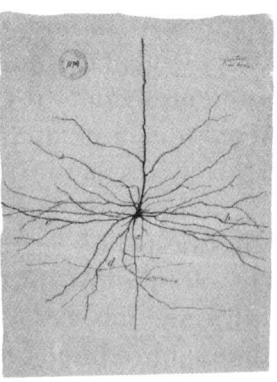

En busca de la mente
El largo camino de la ciencia para
comprender la vida mental
(y lo que aún queda por descubrir)

Lección inaugural dictada
en el Collège de France
el 27 de abril de 2006

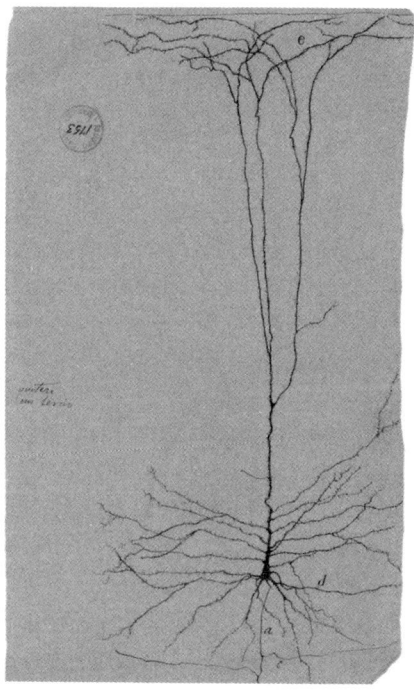

En el invierno europeo de 2005, el autor fue elegido en el Collège de France como titular de la cátedra de Psicología Cognitiva Experimental, recién creada. Es tradición que, poco después de su nombramiento, los catedráticos del Collège dicten una lección inaugural para presentar su disciplina y a la vez sentar las bases de un programa de investigación y docencia para los años siguientes.

En busca de la mente

Señor director,
queridos colegas,
señoras, señores,

"La psicología es la ciencia de la vida mental". Con estas breves palabras, ya en 1890, William James trazaba los contornos de un campo, que hoy en día llegó a ser el de la psicología cognitiva.[3] Esta última se consolida como parte integrante de las ciencias de la vida, que se vale de la multiplicidad de métodos propios de la biología (desde la genética hasta las técnicas de imágenes del cerebro), pero precisamente como una ciencia de la *vida mental*, que intenta enunciar las leyes generales del pensamiento, un ámbito íntimo y subjetivo que algunos podrían creer inaccesible al método científico. Sus áreas de interés y sus metas son muy amplias. ¿Cómo se organiza la secuencia que pone en marcha la percepción y desemboca en la acción motora? ¿En qué forma se almacenan nuestros recuerdos? ¿Qué es una palabra? ¿Y un concepto? ¿Y una emoción? ¿Qué hay de una intención?

---

3 W. James, *The Principles of Psychology*, t. I, Nueva York, Holt, 1890. [Las palabras iniciales de ese libro son, precisamente, "Psychology is the Science of Mental Life". N. de T.]

¿De una decisión? ¿En qué consiste una introspección? ¿Qué reglas estructuran la sintaxis de las operaciones cognitivas? ¿Cómo distinguir entre la información consciente y la información no consciente? El desafío de la psicología cognitiva es dar respuesta a cada una de estas preguntas enunciando leyes de alcance general. Para hacerlo, es necesario comprender los orígenes de cada uno de los factores involucrados, que están en la intersección de restricciones impuestas tanto por la biología del cerebro como por el entorno y la cultura en los cuales este despliega su acción.

Con pleno derecho podría juzgarse esta ambición como desmesurada. No faltan quienes consideran que la psicología es una "ciencia blanda". Tienen dudas de que cuente con métodos y con resultados experimentales cuya calidad se acerque siquiera un poco a la propia de la física o de la química. Más allá de eso, en la diversidad de culturas, personalidades y competencias de nuestra especie, esos escépticos ven la prueba de que ningún sistema podría "poner en ecuaciones el alma humana".[4]

Sin embargo, al ver que la junta de profesores decidió que –después de décadas de ausencia– volviera a enseñarse psicología en el Collège de France, me complace interpretarlo como reconocimiento de los avances sin precedentes a que asisten las ciencias cognitivas. De unas décadas a esta parte, en todos los confines del mundo se crean laboratorios donde psicólogos, lingüistas, antropólogos, etólogos, neurofisiólogos, médicos, físicos, matemáticos, entre otros, confluyen en busca de descifrar las operaciones mentales. La confrontación de cuestiones filosóficas muy antiguas –a menudo, aque-

---

4 Alusión a frases de Euler y de Shakespeare. [N. de T.]

llas mismas que con agudeza habían formulado Platón, Immanuel Kant o René Descartes– con las nuevas tecnologías de las ciencias del comportamiento, de las neuroimágenes y de la modelización matemática crea una fricción especialmente propicia para que se encienda la llama y surjan nuevos conocimientos. A la vez, son muy altas las expectativas de la sociedad respecto de este ámbito de investigación que tantos puntos de contacto tiene con nuestra vida de todos los días –ya que es socio privilegiado de la medicina y de la educación– y de cuyo potencial tan poco se sabe todavía, especialmente en cuanto al alcance de las imágenes del cerebro. Por eso, es urgente que se enseñe psicología cognitiva, para poner en común la profundidad de algunos de sus hallazgos, y a la vez para contar con pleno conocimiento de la materia a la hora de debatir sus próximos desafíos.

Así, queridos colegas, encaro el gran honor que se me concede hoy. El peso de esta distinción sería aplastante si, por mi parte, no tuviera la certeza de que, al hacer recaer su elección en mi persona, ustedes dan especial preeminencia a una disciplina en pleno surgimiento, de la cual soy apenas uno de numerosos representantes. Con entusiasmo, pero también con nítida conciencia del camino por transitar, agradezco su confianza en mi capacidad de hacerme portavoz de esos estudios.

Muy especialmente, hago constar mi agradecimiento a Alain Berthoz, entusiasta patrocinador de mi candidatura, y a Jacques Glowinski, quien me recibió en el Collège con generosa amabilidad. También saludo a mis dos maestros: Jacques Mehler, quien me transmitió su rigurosidad y su pasión por la psicología experimental cuando yo era apenas un muy joven matemático, y Jean-Pierre Changeux, con quien colaboro desde hace más de veinte años: con paciencia, comprensión, lealtad, sentido del humor y, por sobre todo, una inmensa cultura, me incitó a la búsqueda de afinidades entre la psicología y las neurociencias. Por lo demás, a lo largo de los años tuve la fortuna de trabajar con otros brillantes compañeros, especialmente con Laurent Cohen, Denis Le Bihan, Lionel Naccache, Michael Posner y, por supuesto, con mi esposa y colega Ghislaine.

Por último, en este presente, mi campo de investigaciones depende de una sofisticada maquinaria de obtención de neuroimágenes, conocidas por sus siglas: MRI (resonancia magnética), EEG (electroencefalografía) o MEG (magnetoencefalografía). Quiero expresar mi especial gratitud a la CEA (Comisión de Energía Atómica y Energías Alternativas) y al Inserm (Instituto Nacional de Salud e Investigación Médica). Gracias a su respaldo y a la notable percepción estratégica del biofísico y médico André Syrota y del bioquímico Christian Bréchot, en pocos meses y a pocos kilómetros de aquí, en Saint-Aubin, abrirá sus puertas un nuevo centro, NeuroSpin, como sucesor de un laboratorio anterior, creado por Frédéric Joliot-Curie a partir de la idea de que la energía nuclear y el conocimiento del átomo podrían aplicarse a la biología. Sus excepcionales equipos, únicos en Europa, permitirán llegar todavía más lejos en el análisis de las funciones cognitivas humanas.

Ya en su plan inicial, NeuroSpin reúne en pie de igualdad a físicos con reconocido dominio del formidable instrumental de sus unidades (resonancia magnética, espectroscopia y neuroimágenes anatómicas y funcionales, más tratamiento de la información) y a neurocientíficos del ámbito clínico, para desarrollar en colaboración las herramientas y los modelos que permitirán comprender mejor el cerebro normal así como el patológico (antes o después de tratamientos). Esta fuerte sinergia entre física y biología y entre investigación básica e investigación aplicada es una marca de identidad del centro y lo vuelve completamente original en su campo.

En busca de leyes universales en el campo de la psicología

La cuestión que hoy querría someter a debate se refiere al carácter de las leyes que la psicología está en condiciones de descubrir, y también la posibilidad misma de que algunas de estas leyes sean tan sólidas y universales como las de la física. No entraremos aquí en la delicada discusión acerca del estatuto epistemológico de esas leyes (psicológicas o físicas). Bastará con señalar que, en mi opinión, no son más que formulaciones provisorias, en un lenguaje matemático imperfecto y propio de la especie humana, de una parte de las regularidades que detectamos en el mundo natural. Por ende, no lograríamos otorgar a esas mismas leyes un estatuto ontológico independiente del cerebro del científico que las formula.[5]

En su veloz avance, la psicología cognitiva deja de lado, provisoriamente, dos preguntas difíciles de responder: ¿el cerebro humano cuenta con recursos suficientes para describirse a sí mismo? Y esta iniciativa de autodescripción (en que el cerebro detecta y formula sus

---

5 Al respecto, véanse J.-P. Changeux y A. Connes, *Matière à pensée*, París, Odile Jacob, 1989 [ed. cast.: *Materia de reflexión*, Barcelona, Tusquets, col. "Metatemas", 2002] y S. Dehaene, *La bosse des maths*, París, Odile Jacob, 1997, cap. 9 [ed. cast. a partir de la versión actualizada: *El cerebro matemático. Cómo nacen, viven y a veces mueren los números en nuestra mente*, Buenos Aires, Siglo XXI, 2016].

propias leyes) ¿no es intrínsecamente limitada, y hasta contradictoria o tautológica? Los psicólogos cognitivos prestan poca atención a estas cuestiones. En efecto, al contemplar la variedad y la objetividad crecientes de los métodos de estudio del cerebro disponibles en nuestros días, tienen pocas dudas de que, si existe, el "horizonte cognitivo" que la limitación de nuestros recursos mentales podría imponer a las teorías neurocientíficas parece estar muy lejos. Tal como quedará demostrado por los ejemplos que enriquecen esta lección, incluso las herramientas matemáticas elementales pueden dar pie a avances importantes en nuestro campo de estudios.

Desde el último cuarto del siglo pasado, aumentó el grado de especialización de la psicología cognitiva, que hizo foco sobre los detalles de algunos fenómenos, antes que sobre la arquitectura general de la cognición. Indudablemente, y con razón, en eso siguió y sigue el ejemplo de la física, que nos indicó que tan sólo el estudio pertinaz de una cuestión acotada da claves que permiten acceder a la estructura íntima del mundo natural. Así sucedió con Galileo Galilei, la caída de los cuerpos y sus leyes; también con Isaac Newton y los colores del arcoíris o con Albert Einstein y el origen del efecto fotoeléctrico, entre otros muchos casos que las ciencias pueden aportar.

La psicología también incorpora la lección de Charles Darwin: el cerebro evolucionó por obra de una seguidilla de presiones, de mil y un ajustes de ocasión y ahora hospeda a un gran conglomerado de funciones especializadas. Por consiguiente, como campo de estudio esta vertiente actual de la psicología se encarga de investigar minuciosamente cada ámbito de la cognición, cuyo funcionamiento suele responder a restricciones peculiares. Así, hay una psicología del reconocimiento de rostros, de la lectura, de la planificación de la acción, de las emociones o de la representación del otro. ¿Eso nos lleva obligatoriamente a la conclusión de que en nuestra ciencia sería imposible enunciar leyes de alcance universal? Mi respuesta es un rotundo "no": no creo que ese sea el caso. Más allá de los azares de la historia evolutiva y cultural de la especie humana, contemplo al menos tres fuentes posibles de leyes generales de la cognición.

En primer lugar, intervienen leyes físicas, químicas y biológicas. La decisión de anclar el pensamiento en la biología del cerebro presupone que los principios de organización de la vida biológica definen las características de nuestra vida mental. Según pone de relieve Jean-Pierre Changeux, el cerebro del hombre es una formidable máquina química en que vemos en acción los mismos mecanismos moleculares que en la mosca drosófila o de la fruta y también en la mantarraya eléctrica. Así, la velocidad (o, antes bien, la lentitud) de nuestras operaciones mentales y de nuestros aprendizajes está en relación directa con la velocidad de propagación de los impulsos eléctricos y de las transiciones de las moléculas receptoras en nuestro cerebro (figura 1).

Ya en plena Era Contemporánea, en el año 1850, y valiéndose de métodos refinados por el médico y fisiólogo alemán Emil du Bois-Reymond, su compatriota Hermann von Helmoltz, físico y también fisiólogo, detectó la velocidad del impulso nervioso: apenas unas decenas de metros por segundo. En 1868, inspirado por esos trabajos, el oftalmólogo holandés Franciscus [Frans Cornelis] Donders utilizó instrumentos como el fonoautógrafo (que él rebautizó "noematacógrafo") para demostrar que dicha conducción lenta afecta las decisiones mentales: la velocidad del pensamiento no es infinita, vale decir, instantánea (figura 2); resulta

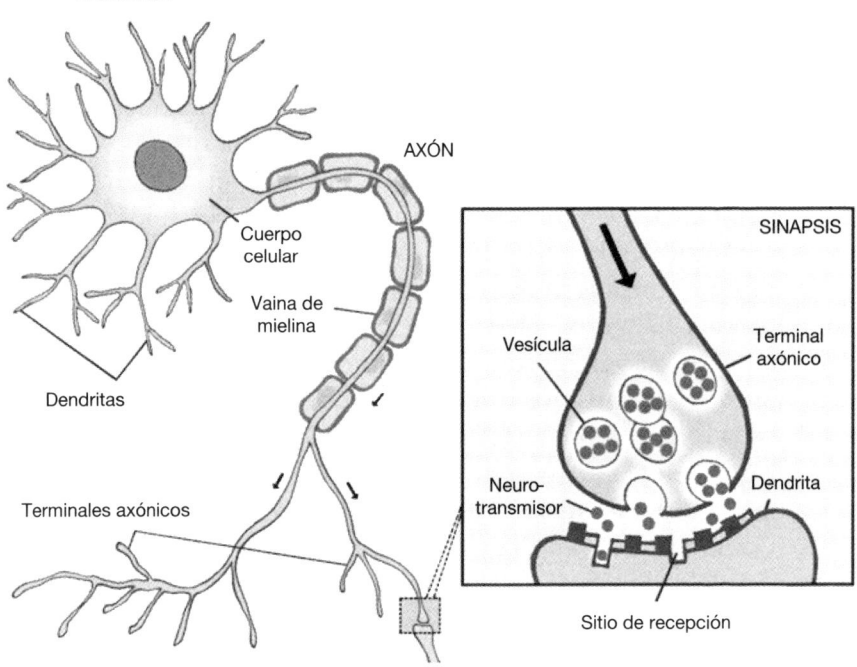

NEURONA

Cuerpo celular

AXÓN

Vaina de mielina

Dendritas

Terminales axónicos

SINAPSIS

Vesícula

Terminal axónico

Neuro-transmisor

Dendrita

Sitio de recepción

Figura 1. Estructura básica de una célula neuronal. En el cuerpo de la neurona se distinguen el núcleo celular y las dendritas, una forma especializada de membrana que multiplica las oportunidades de contacto con otras células, a partir de la generación de sinapsis. De allí parte otra especialización denominada "axón", una prolongación que puede tener diferentes extensiones (por su intermedio, la célula se conecta con otras neuronas, así como con órganos y músculos de diferentes partes del cuerpo). Al final de cada axón están los botones sinápticos, que contienen moléculas de diferente tipo, los neurotransmisores. El impulso nervioso consiste en un cambio de signo eléctrico en la membrana celular, que viaja desde el núcleo hasta los botones sinápticos a través de los axones. Estas señales eléctricas causan que las vesículas liberen su contenido en el espacio sináptico, transformando la señal de eléctrica a química.

23 Februari 1874

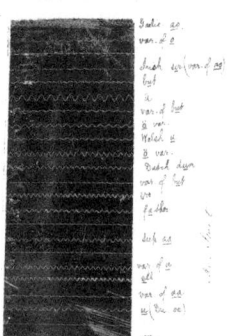
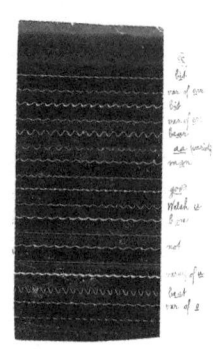

30.

Proeven over de Rollen A, B en van B.

23 December 1868, voormiddags.

T_x'' 45.5

T_x'' 10.8

$T_x - T$ 15.3

T_m'' 38.7

T_m'' 53.4

$T_m'' - T_m'' = 14.7$

3°. Reeppen van onbekend ka, ke, ki en. Wij alleen waarvan

ke	
ki ki	59
ku	
ki ki	86.5 (gecomprimeerd)
ke	
ki ki	62
ku	
ki ki	47 (gecomprimeerd, uitbreren)
ka	
ku	

$2645 . 4 = 63.625$,

$127 : 2 = 60.5$

c

Minima a. 46.5. b. 62. c. 59

Figura 2. En 1868, el holandés Franciscus Donders confirmó que los procesos mentales no son instantáneos, que las operaciones del pensamiento pueden subdividirse y que la velocidad de cada fragmento del proceso puede ser medida experimentalmente. Para eso, utilizó herramientas como el noematacógrafo, que le permitía registrar el tiempo de reacción en el experimento en el que un participante tenía que reconocer y repetir una sílaba (por ejemplo, *ki*) producida por otro.
Fuente: la imagen del noematacógrafo está tomada de D[okto]r F. J. Pisko, *Die neueren Apparate der Akustik. Für Freunde der Naturwissenschaft und der Tonkunst*, Viena, Carl Gerold's Sohn, 1865; los manuscritos de Donders, así como el registro de distintas experiencias, provienen del Archivo del Museo Universitario de Útrecht; todo este material está disponible en los archivos digitales del Instituto Max Planck de Historia de la Ciencia berlinés.

sencillo descomponer las operaciones mentales en una sumatoria de etapas también lentas (cada una de ellas insume varias decenas de milisegundos).[6] Hoy en día, puede postularse una relación directa entre esa velocidad (que se acelera a lo largo del desarrollo) y la mielinización axonal que la resonancia magnética por tensor de difusión permite medir en el hombre. En algunas formas de retraso mental, como el síndrome de X frágil (o de Mertin-Bell) que estudia nuestro colega Jean-Louis Mandel, médico y genetista, la desaceleración de las funciones cognitivas se pone en relación directa con anomalías cuantitativas del genoma.[7] Así, las perspectivas de este tipo de leyes psicobiológicas son considerables en el campo de la medicina y de la psicología del desarrollo.

Una segunda categoría de leyes de la psicología tiene origen en un nivel de descripción que podríamos calificar de algorítmico. La invención de la computadora, los trabajos de Alan Turing y de John von Neumann, pero también los de Noam Chomsky o

---

6 F. C. Donders, "On the speed of mental processes", trad. ing., *Acta Psychologica*, 30, 1969, pp. 412-431 [versión original: "Over de snelheid van psychische processen", *Onderzoekingen gedaan in het Physiologisch Laboratorium der Utrechtsche Hoogeschool, 1868-1869*, II, pp. 92-120; y también *Nederlandsch Archief voor Genees- en Natuurkunde*, 4, 1869, pp. 117-145]; S. Sternberg, "The discovery of processing stages: Extensions of Donders' method", *Acta Psychologica*, 30, 1969, pp. 276-315.

7 S. M. Rivera, V. Menon, C. C. White, B. Glaser, A. L. Reiss, "Functional brain activation during arithmetic processing in females with fragile X Syndrome is related to FMR1 protein expression", *Human Brain Mapping*, 16 (4), agosto de 2002, pp. 206-218.

David Marr, desembocaron en la aparición de una ciencia de la computación cuyo objetivo es la creación y el análisis de algoritmos que pueden resolver con eficacia los problemas más diversos: reconocimiento visual, almacenamiento de datos, aprendizaje de gramáticas formales y tantos otros. El cerebro humano, magnífico ejemplo de sistema de tratamiento de la información, suele verse ante esos mismos problemas, para los cuales existe sólo una pequeña cantidad de soluciones eficaces. Así, las leyes que devela la psicología cognitiva suelen deberse a restricciones de los sistemas de cómputo, que son universales. Eso explica que gran parte de nuestra disciplina consista en el intento de inferir los algoritmos del pensamiento.

Con todo, en épocas pasadas un sector importante de los psicólogos funcionalistas, llevado por el entusiasmo que la metáfora de la computadora le inspiraba, pasó por alto la arquitectura del cerebro. Pero lo cierto es que esta no tiene parecido alguno con la de una computadora clásica. Es una fabulosa máquina en que un imponente entramado –precisamente, su arquitectura– sostiene múltiples subniveles de procesamiento en paralelo. Con cien mil millones de unidades de procesamiento (las neuronas) y mil billones de conexiones, esta estructura sigue siendo un caso sin equivalentes en el campo informático, y sería un grave error pensar que la metáfora de la computadora puede aplicársele sin modificaciones.

Hubo quienes se atrevieron a decir que la neurobiología se interesa en el "equipo" o "dispositivo" (la base material) y la psicología en los "programas" del cerebro: el *hardware* y el *software.* Esa dicotomía reduccionista es completamente inadecuada. Todos los niveles de organización, desde la molécula hasta las interacciones sociales, concurren para determinar nuestro funcionamiento mental.[8] Por eso, no hay posibilidad de trazar compartimentos estancos entre biología y psicología. Al contrario: tanto el psicólogo como el neurobiólogo, aunque por vías diferentes, se dedican a desentrañar cómo una función cognitiva emerge de la arquitectura jerárquica anidada del sistema nervioso.

Desde luego, para expresar las leyes de la psicología podemos valernos transitoriamente de algoritmos formales. De todos modos, sólo se las comprendería en profundidad una vez que se lograse ponerlas en relación con todos los niveles de organización del cerebro. A quienes se vean abrumados por la complejidad de este programa, me limitaré a recordarles la broma que suele atribuirse a Lyall Watson: "Si nuestro cerebro fuese simple, tanto que pudiésemos entenderlo, seríamos tan simples que no podríamos hacerlo".[9] ¡Y precisamente porque nuestro cerebro es muy complejo tenemos una pequeña posibilidad de comprenderlo!

En esto desempeñan un papel protagónico los métodos de neuroimágenes. Con todo, aún hay algunos psicólogos que en esos métodos no ven otra cosa que una inoportuna iniciativa "neofrenológica" que dilapi-

---

8 J.-P. Changeux y S. Dehaene, "Neuronal models of cognitive functions", *Cognition*, 33, 1989, pp. 63-109.

9 "If the human brain were so simple / That we could understand it, / We would be so simple / That we couldn't." La frase –citada a modo de cuarteta por George Edgin Pugh en su *The Biological Origin of Human Values*, Nueva York, Basic Books, 1977, p. 154– es de su padre Emerson M. Pugh. En enero de 1979, Watson la divulga en *Brain Mind Bulletin*. [N. de T.]

da recursos con el solo objetivo de localizar funciones dadas. Para dejar en claro por qué esa visión frenológica está errada, me gusta mostrar un grabado del alemán Matthaeus Greuter que en el primer tercio del siglo XVII parece anticipar las futuras técnicas de imágenes del cerebro (figura 3). En él se ve a un voluntario que se hace "escanear" en un atanor u horno filosofal, instrumento privilegiado de los alquimistas. Lo que este artefacto hace emerger no son localizaciones, sino representaciones mentales: música, personajes, animales, casas, etc.

La metáfora me parece acertada. Como objetivo primordial, las neuroimágenes se proponen descomponer la arquitectura funcional de, precisamente, las representaciones mentales y así brindar un acceso a los mecanismos del pensamiento. Esa vía de acceso es más directa que el análisis de la conducta. Con eso, al psicólogo cognitivo que gusta de refinar sus herramientas las nuevas técnicas le ofrecen el más afilado de los escalpelos. Desde luego, la neuroimagen reposa sobre el desarrollo de "anatomistas virtuales", conjunto de programas interactivos que identifican automáticamente los surcos del córtex, separando los haces transcorticales de sustancia blanca, y despliegan la corteza misma para presentarla en forma de mapas anatómicos planos y estandarizados.

Sin embargo, la cartografía es apenas una etapa; a continuación, sobre esos mapas se proyectarán propiedades funcionales de interés directo para los psicólogos. Permítanme dar algunos ejemplos del tipo de preguntas de investigación que se ponen al alcance gracias a los métodos actuales: podemos rastrear la secuencia temporal de la lectura de una palabra, cuyas primeras etapas ponen de manifiesto las anomalías en los niños

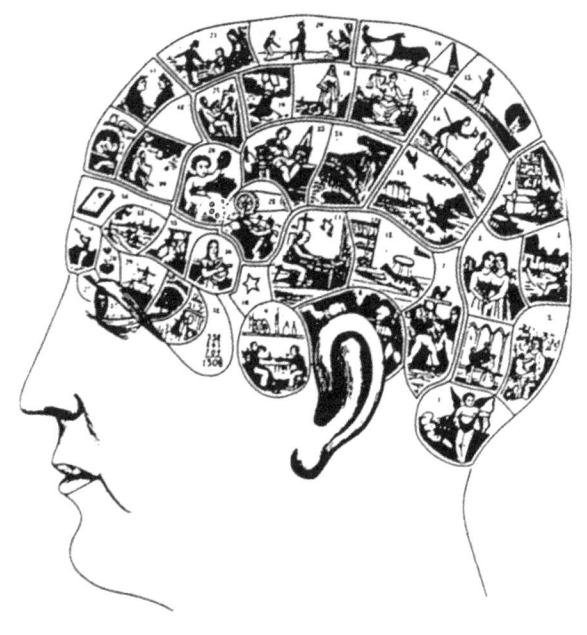

A

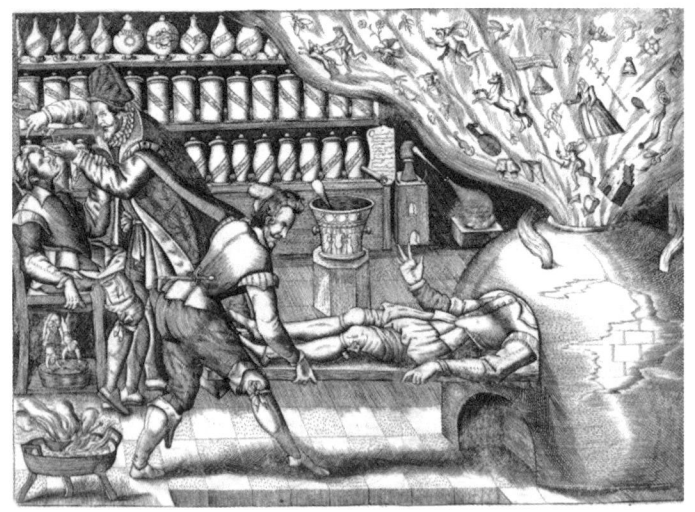

B

Figura 3. Metáforas apropiadas e inapropiadas acerca de las neuroimágenes funcionales. El objetivo primordial de las neuroimágenes no es la localización de las funciones, proyecto que se inscribiría en el linaje de la frenología (A), sino el análisis del formato de representación, más la arquitectura funcional y los mecanismos de las operaciones mentales, que vemos ilustrado metafóricamente en un grabado del siglo XVII, *El médico que cura a Fantasía, purgando también con drogas la locura*, obra de Matthaeus Greuther (B). En esa condición, los métodos de imagen cerebral forman parte de las herramientas de la psicología cognitiva.

disléxicos;[10] podemos identificar cómo son los mapas retinotópicos, vale decir, mapas topográficos del espacio visual, cuya superficie, variable de un individuo a otro, predice el grado de agudeza visual;[11] o también podemos seguir el foco de la atención que una persona presta a tal o tal otro objeto y que amplifica la actividad cortical en las áreas corticales correspondientes.[12] Por último, podemos decodificar las imágenes mentales al observar sus huellas en la corteza:[13] cuando imaginamos una forma, por pura obra del pensamiento, la actividad de las áreas visuales bosqueja el contorno del objeto imaginado (figura 4). Así empieza a resolverse una de las más antiguas cuestiones de la psicología –la índole analógica o proposicional de las imágenes men-

10 P. Helenius, A. Tarkiainen, P. Cornelissen, P. C. Hansen y R. Salmelin, "Dissociation of normal feature analysis and deficient processing of letter-string in dyslexic adults", *Cerebral Cortex*, 9 (5), 1999, pp. 476-483; K. Marinkovic, R. P. Dhond, A. M. Dale, M. Glessner, V. Carr y E. Halgren, "Spatiotemporal dynamics of modality-specific and supramodal word processing", *Neuron*, 38 (3), 2003, pp. 487-497.

11 R. O. Duncan y G. M. Boynton, "Cortical magnification within human primary cortex correlates with acuity thresholds", *Neuron*, 38 (4), 2003, pp. 659-671.

12 Y. Kamitani y F. Tong, "Decoding the visual and subjetive contents of the human brain", *Nature Neuroscience*, 8 (5), 2005, pp. 679-685.

13 S. M. Kosslyn, W. L. Thompson, I. J. Kin y N. M. Alpert, "Representations of mental images in primary visual cortex", *Nature*, 378, 1995, pp. 496-498; B. Thirion, E. Duchesney, E. M. Hubbard, J. Dubois, J.-B. Poline, D. Le Bihan y S. Dehaene,"Inverse retinotopy: Inferring the visual content of images from brain activation patterns", *Neuroimage*, 33 (4), 2006, pp. 1104-1116.

tales–, que el análisis del comportamiento no podía zanjar por sí solo.

Y la cuestión de las imágenes mentales nos lleva hacia las leyes de la psicología. En efecto, la internalización de imágenes del mundo exterior en nuestro cerebro presenta una tercera categoría de leyes psicológicas universales, que en realidad son *leyes físicas igualmente internalizadas*. Uno recuerda la observación de Albert Einstein, que dio pie a una fórmula popular: "Lo más incomprensible es que el mundo nos resulte comprensible".[14] Sin embargo, ¿cómo podríamos sobrevivir si las leyes de nuestro entorno nos fuesen completamente ajenas? En un contexto darwiniano, la permanencia del organismo no puede proyectarse sin una forma mínima de inteligibilidad del mundo. Durante su evolución, pero también durante su desarrollo, nuestro sistema nervioso aprende a *comprender* su entorno, lo que en sentido literal quiere decir tomarlo e internalizarlo como representaciones mentales que, por isomorfismo psicofísico, reproducen algunas de sus leyes naturales (o lo que consideramos tales en un momento dado). Así, nosotros mismos somos portadores de un universo de objetos mentales cuyas leyes imitan a las de la física y la geometría.

---

14 En su recopilación *De mis últimos años*, Einstein retomó su texto "Física y realidad": "Uno podría decir: 'El eterno misterio del mundo es que sea comprensible'. Uno de los grandes hallazgos de Immanuel Kant es que la construcción de un mundo real exterior carecería de sentido sin la posibilidad de comprenderlo" (se cita según la versión inglesa "Physics and reality", en *Out of My Later Years*, Nueva York, Philosophical Library, 1950, p. 61; la fórmula original alemana es "Das ewige Geheimnis der Welt ist ihre Verständslichkeit"). [N. de T.]

A. Detección de las áreas reticulares de la corteza

Estímulos presentados ante la retina

Activaciones correspondientes en la corteza

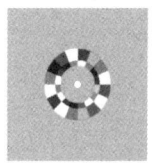

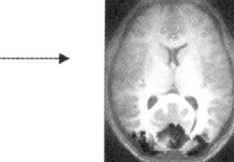
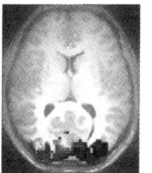

B. Aprendizaje de la función matemática inversa

Activación observada

Estímulo reconstruido

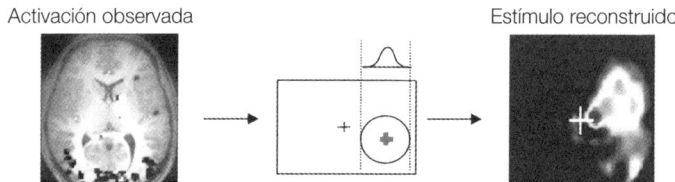

C. "Cuadros" imaginados por el sujeto

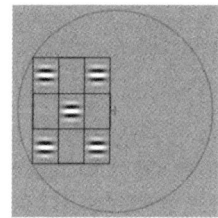
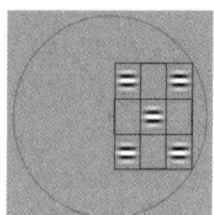

D. Imágenes reconstruidas a partir de la activación de la corteza visual

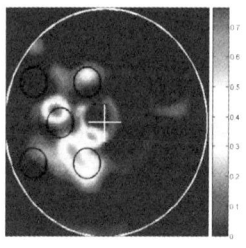
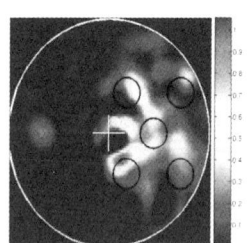

Figura 4. Reconstrucción de los contenidos de percepciones e imágenes mentales a partir de patrones de actividad cortical. Los avances de las técnicas de imágenes del cerebro llevan a primeros desciframientos –por supuesto, elementales– del contenido mental a partir de la actividad cerebral. Este desarrollo metodológico se ejemplifica aquí con el caso de la decodificación retinotópica de imágenes visuales. La medición sistemática de la actividad occipital evocada por estímulos visuales (A) permite construir en cada participante una función matemática inversa que vincula el mapa de actividad cerebral al estímulo percibido (B). Cuando una persona imagina una forma "en X", ya sea a la izquierda o a la derecha de su campo visual (C), la aplicación de esta función inversa a la cartografía de actividad cerebral trazada durante esa imaginería restituye de modo aproximado el contenido de la imagen mental (D).

Fuente: Trabajos de Bernard Thirion y colaboradores en el laboratorio del Hospital Frédéric Joliot, CEA, Orsay; las imágenes provienen de B. Thirion, E. Duchesnay, E. M. Hubbard, J . Dubois, J.-B. Poline, D. Le Bihan y S. Dehaene, "Inverse retinotopy: Inferring the visual content of images from brain activation patterns", *Neuroimage*, 33, 2006, pp. 1104-1116.

Estas leyes físicas internalizadas quedan de manifiesto especialmente en la percepción y la acción. Nuestro aparato sensomotor demuestra saber de cinemática cuando anticipa las trayectorias de los objetos. Pero esas leyes siguen aplicándose en ausencia de cualquier acción o percepción cuando tan sólo imaginamos un objeto en movimiento o una trayectoria en un mapa. El psicólogo y científico cognitivo Roger Shepard y su colega neurocientífico Steven Kosslyn demostraron que el tiempo de rotación o de exploración de estas imágenes mentales se comporta como una función lineal del ángulo o de la distancia por recorrer. Esto significa que la trayectoria mental imita la de un objeto físico.

Siguiendo al físico y filósofo austríaco Ernst Mach, Roger Shepard[15] detecta en esas leyes de la física internalizadas el origen de la misteriosa eficacia de los "experimentos de pensamiento" que, por pura reflexión, nos permiten obtener profundas conclusiones sobre las leyes de la naturaleza. Incluso antes de que existiese la experiencia concreta, a Galileo le bastó un razonamiento para deducir que en el vacío –esto es, sin factores de resistencia– dos cuerpos de masa diferente caen a la misma velocidad; así, demostró algo que hasta entonces nadie había visto y que durante mucho tiempo más nadie vería. De hecho, pasaron siglos hasta que fue posible hacer la experiencia. La posibilidad misma de hazañas de pensamiento como esa demuestra que nuestra mente incorpora y proyecta ciertas leyes físicas.

---

15 R. Shepard, "Perceptual-cognitive universals as reflections of the world", *Behavioral Science*, 24, 2001, pp. 581-601; discusión en pp. 652-671.

Mis propias investigaciones me llevaron a extender esa conclusión al campo de las matemáticas. En efecto, afirmo que la actividad matemática tiene sus raíces últimas en las representaciones mentales estructuradas que la evolución nos dejó en herencia: el sentido del número, del espacio, del tiempo. En el laboratorio, tan sólo podemos estudiar las más elementales de esas operaciones mentales, que cabría calificar de protomatemáticas. Con todo, ya empezamos a comprenderlas de modo tan detallado que somos capaces de inferir, etapa por etapa, la índole de los procesos sostenidos por nuestro cerebro. Por eso, mi lección de hoy consistirá en la reseña de los pasos que llevan a la disección de una función cognitiva de ese mismo ámbito protomatemático, la aritmética mental, y la detección de las distintas leyes que la rigen. Veremos que la psicología de la aritmética da un buen pretexto para hacer una revisión crítica de las leyes más consolidadas de la psicología cognitiva. En un llamativo bucle recursivo, las matemáticas nos ayudan a formular las leyes de la mente humana, de la cual son producto.

El origen de los conceptos aritméticos se remonta a los tiempos más antiguos

Entre las cuestiones que la psicología cognitiva espera resolver, la pregunta por el origen de los conceptos, y muy especialmente de los conceptos abstractos como el de número, ocupa la posición más destacada. Uno podría haber pensado que la aritmética es apenas una invención cultural reciente, un conjunto de recetas inventadas por el mundo civilizado para resolver sus problemas contables. Sin embargo, ya desde los años cincuenta del siglo XX los trabajos del zoólogo y etólogo alemán

Otto Koehler demuestran que el concepto de número es accesible para muchas especies animales. Para poner a prueba esa hipótesis, Koehler había entrenado a roedores y aves que evaluaban un conjunto de puntos y luego encontraban, entre muchas cajas, aquella cuya tapa tenía la misma cantidad; así, obtenían una recompensa. Hoy en día, decenas de experimentos, en especial los llevados adelante por el psicólogo Herb Terrace –especialista en cognición animal y en evolución de la inteligencia– y la antropóloga biológica Elizabeth Brennon –experta en cognición comparada–, ampliaron esas demostraciones. Ellos llegaron a la conclusión de que la estimación, la comparación y el cálculo de cantidades numéricas aproximadas son accesibles no sólo para los primates no humanos, sino también para los roedores, las aves, los delfines y algunos reptiles.[16] Podría pensarse que los animales se valen de otros elementos, como algunas propiedades concretas de los objetos utilizados en el experimento, para ayudarse a hacer las asociaciones. Sin embargo, gracias a controles de notable refinamiento, los trabajos de Terrace y de Brennon revelan que el factor que determina las elecciones del animal es ciertamente el número, y no otro parámetro como la superficie o el tamaño. Un criterio sencillo permite juzgar el grado de abstracción de esta representación mental: la generalización por medio de las modalidades visual y auditiva. Un primate, por ejemplo, reconoce la asociación entre tres rostros y tres voces.[17]

16 E. Brannon, "The representation of numerical magnitude", *Current Opinion in Neurobiology*, 16 (2), 2006, pp. 222-229.
17 K. E. Jordan, E. M. Brannon, N. K. Logothetis y A. A. Ghazanfar, "Monkeys match the number of voices they hear to the

¿El concepto de número existe tan sólo en el animal de laboratorio, y después de miles de instancias de entrenamiento? La investigación en etología cognitiva, por el contrario, señala que en su vida silvestre muchas especies apelan espontáneamente a la aritmética. Según las observaciones del biólogo evolucionista Marc Hauser,[18] algunos chimpancés, antes de entrar en un enfrentamiento con un adversario, evalúan si su propio grupo de aliados –lo que este autor denomina "coalición"– es suficientemente numeroso, comportamiento que también observó entre coaliciones de delfines y manadas de leones. Otros primates, sometidos a sólo un ensayo, sin entrenamiento, anticipan el resultado de una suma o una resta de bocados antes de elegir la mayor entre dos fuentes de comida. Así, la intuición aproximativa de la cantidad, pero también de las otras "categorías kantianas" (el espacio y el tiempo, al menos hasta la irrupción de la mecánica cuántica y de Einstein), está extendida en el mundo animal, indudablemente porque es esencial para la supervivencia: ninguna especie puede privarse de evaluar las fuentes y la cantidad de alimento. En el caso de las especies sociales, la supervivencia exige ponderar la cantidad y la calidad de aliados o enemigos.

El *Homo sapiens* heredó algunas de esas capacidades protoaritméticas. A lo largo de una serie de cuestionarios sumamente controlados, Jean Piaget, pionero del estudio del desarrollo cognitivo, creyó desentrañar una construcción jerárquica de las operaciones lógico-

---

number of faces they see", *Current Biology*, 15 (11), 2005, pp. 1034-1038.

18 M. Hauser, "Our chimpanzee mind", *Nature*, 437, 2005, pp. 60-63.

matemáticas en los niños.[19] Así, llegó a la conclusión de que el concepto abstracto de número aparecía en el niño durante un estadío muy tardío. Pese a todo, hoy en día sabemos que sus experimentos subestimaban las competencias numéricas tempranas, al proponer situaciones de conflicto cognitivo que para el cerebro del niño son difíciles de manejar. Más aún: las investigaciones de Piaget acerca del concepto de número, basadas prioritariamente sobre un diálogo con el niño, no distinguían en grado suficiente la formulación explícita y a menudo verbal de los conceptos (que en efecto se presenta en una etapa tardía) y una intuición aritmética no verbal que es tanto más precoz y universal. La nueva psicología del desarrollo, por el contrario, evalúa las competencias de bebés de pocos meses de edad sin recurrir al lenguaje, tomando como inspiración la etología. En el ámbito de la aritmética, los resultados quedan fuera de cualquier controversia: el sentido numérico existe en estadíos muy tempranos en el bebé. Un bebé de apenas pocos meses ya sabe diferenciar entre ocho y dieciséis objetos, traza nexos multimodales entre dos sonidos y dos imágenes y evalúa una operación aritmética concreta.[20] Los experimentos de Karen Wynn, profesora de Psicología y Ciencias Cognitivas en la Universidad de Yale, y de Elizabeth Spelke, psicóloga cognitiva y directora del Laboratorio de Estudios del Desarrollo en Harvard, demuestran que el niño ya tiene internalizadas operaciones básicas de adición y de sustracción. Cuando una ani-

---

19 J. Piaget y A. Szeminska, *La genèse du nombre chez l'enfant*, Neuchâtel, Delachaux et Nieslé, 1941 [ed. cast.: *Génesis de la cantidad en el niño*, Buenos Aires, Guadalupe, 1967].

20 L. Feigenson, S. Dehaene y E. Spelke, "Core systems of number", *Trends in Cognitive Sciences*, 8 (7), 2004, pp. 307-314.

mación muestra que detrás de una pantalla desaparecen cinco objetos, a los cuales se unen otros cinco objetos, el bebé mira durante más tiempo la escena final si esta, como por arte de magia, muestra sólo cinco objetos en vez de los diez esperados. Esa mirada sostenida durante más tiempo es una expresión de la sorpresa ante la cantidad inesperada; la imagen es atendida durante tanto menos tiempo cuando representa los diez objetos que habían desaparecido ante su vista, lo que pone de manifiesto que no hay incongruencia alguna entre lo que cada bebé observa y lo que esperaba observar.[21]

De ese modo, veinte años de investigación acerca del desarrollo cognitivo refutan la idea de una construcción lógica lenta que se extendería a lo largo de la infancia. Ya desde el nacimiento, nuestro cerebro espera detectar en el mundo exterior objetos móviles cuyas combinaciones cumplen las reglas de la aritmética. ¿Eso debería inducirnos a la conclusión de que el concepto de número es "innato"? Rechazo el uso de este término en psicología cognitiva porque, en mi opinión, nuestra disciplina suele valerse de él en modo imprudente y casi como sortilegio. Decir que una conducta es innata no hace otra cosa que disimular nuestra ignorancia de los mecanismos de su desarrollo. Una amplia brecha explicativa separa la genética molecular –único nivel en que puede hablarse legítimamente de "código innato"– de las competencias precoces del niño. Los genes no especifican comportamientos, menos aún conceptos. A lo sumo, definen sesgos iniciales, un "aprendizaje instintivo" (si

---

21 K. McCrink y K. Wynn, "Operational momentum in large-number addition and subtraction by 9-month-old infants", *Psychological Science*, 15 (11), 2004, pp. 776-781.

retomamos la afortunada expresión de los etólogos y divulgadores científicos James Gould y Peter Marler). Si bien de antemano pueden existir intensos sesgos, como es notorio en la organización cortical inicial de las áreas del lenguaje,[22] esa misma organización y el desarrollo del cerebro del bebé todavía constituyen una vasta *terra incognita*, casi virgen, que será apasionante explorar en los años venideros.

Las leyes psicofísicas de la aritmética mental

La presencia de competencias numéricas en recién nacidos, incluso antes de que adquieran sus primeras palabras, pone de relieve la posibilidad de un pensamiento abstracto sin lenguaje. Al respecto, la prioridad de la psicología coincide con las de la antropología cognitiva: develar estructuras mentales universales, más allá de la variabilidad de lenguas y culturas. En los últimos años, se sucedieron investigaciones inspiradas en los métodos utilizados para estudiar a niños pequeños; esta serie de trabajos demostró la presencia de intuiciones aritméticas y geométricas en ausencia de expresiones lingüísticas en comunidades que para nosotros, europeos, parecen estar muy lejos.[23] Véronique Izard,

22 G. Dehaene-Lambertz, L. Haertz-Pannier, J. Dubois, S. Meriaus, A. Roche, M. Sigman y S. Dehaene, "Functional organization of perisylvian activation during presentation of sentences in preverbal infants", *Proceedings of the National Academy of Sciences of the United States of America*, 103 (38), 2006, pp. 14 240-14 245.

23 S. Dehaene, V. Izard, P. Pica y E. Spelke, "Core knowledge of geometry in an Amazonian indigene group", *Science*, 311 (5759), 2006, pp. 381-384; P. Gordon,

Cathy Lerner, Elizabeth Spelke y yo, junto con nuestro colega lingüista Pierre Pica, analizamos las competencias matemáticas de un pueblo de la Amazonia, la etnia munduruku, que sólo tiene palabras para los números pequeños, de 1 a 5. Si, tal como se postula en un debate clásico, las palabras dan forma a los contenidos del pensamiento,[24] entonces la cognición numérica de esa comunidad debería limitarse a pequeños números aproximados. Pero nada de eso es lo que notamos. Los mundurukus, tanto niños como adultos, poseen una rica intuición aritmética. Cuando los tests no se valen del lenguaje, sino que presentan grandes cantidades en forma de conjuntos de objetos animados, de inmediato los participantes comprenden que está implicada una adición, una sustracción o una comparación aproximada (y también comprenden sus respectivos conceptos). No saben contar, pero saben que el cardinal de un conjunto cambia no bien se le añade o se le quita un objeto. Esto prueba que el *concepto* de número precede a la *palabra* para designarlo. Otro tanto sucede con la geometría: todos los conceptos básicos –punto, recta, paralelismo, distancia, punto medio, etc.– están presentes,

---

"Numerical cognition without words: Evidence from Amazonia", *Science*, 306 (5695), 2004, pp. 496-499; P. Pica, C. Lerner, V. Izard y S. Dehaene, "Exact and approximate arithmetic in an Amazonian indigene group", ibíd., pp. 499-503.

24 Se refiere al debate acerca de la hipótesis del relativismo lingüístico, lo que suele conocerse como "hipótesis Sapir-Whorf", pero que tiene antecedentes claros en teorías como la de Humboldt. Según ese enfoque, la lengua que hablamos determina (o al menos condiciona) nuestra manera de conceptualizar y percibir el mundo. [N. de E.]

en forma protomatemática, antes de que dispongamos de las palabras para ellos.

La experimentación permitió discernir, en este núcleo de competencias, leyes sencillas y universales, válidas tanto en el hombre adulto como en el bebé o en el animal. Para dar un ejemplo, mencionemos un test muy sencillo de comparación numérica (figura 5). Se nos presentan a la vista, una junto a la otra, dos colecciones de elementos, y se nos pide que, sin contar, decidamos cuál incluye la mayor cantidad de objetos. Si se varían sistemáticamente las dos cantidades y se recopilan varias centenas de respuestas, pueden asentarse las leyes de la decisión numérica. Dejemos fija una de las numerosidades –por ejemplo, en 16– y hagamos variar la segunda de ellas. Observaremos una primera ley, el *efecto de distancia*: la cantidad de errores de comparación disminuye conforme a una función regular de la distancia entre los números.[25] Esto equivale a decir que el rendimiento para discriminar entre dos numerosidades aumenta si la distancia entre los dos números crece: a mayor distancia entre ellos, más fácil será compararlos. La pendiente de esta función lineal varía de una persona a otra y, de por sí, es un índice de la precisión de los juicios numéricos: una pendiente pronunciada revela una buena capacidad de detección de diferencias numéricas muy tenues.

Alcanzada esta instancia, si se hace variar el primer número –por ejemplo, si se lo lleva a 32, el doble del valor previo–, se notará que la amplitud de la curva de discriminación también se duplica. Esto es índice de

---

25 Véase el apartado "La cronometría mental de la decisión numérica". [N. de T.]

una segunda ley, que lleva el nombre de sus sucesivos descubridores, la *ley de Weber-Fechner*. En un principio, fue la *ley de Weber* (o *de la sensación*): cuando aumentan las magnitudes, aumenta en relación directa la imprecisión de los juicios, es decir, la cantidad de errores. En otros términos, cuanto mayores sean los números, más difícil es aproximar su estimación.

Debemos a Gustav Fechner una reformulación interesante, aunque no por eso menos debatida, de esa observación. Según la *ley de Fechner*, las dimensiones físicas como el tamaño o la cantidad se representan en un *continuum* interno, una suerte de espacio que no se comporta de manera lineal, sino que comprime los números grandes en proporción directa con su tamaño, de acuerdo a una ley logarítmica. Así, a mayor numerosidad, mayor debe ser el cambio para notar su variación. Podremos percibir claramente una diferencia entre 16 y 18, pero no entre 64 y 66. Es en verdad más difícil notar 5 entre 100 que 5 entre 10.

La diferencia perceptible se va ampliando a medida que los números crecen, pero esa diferencia misma no es directamente proporcional, sino que aumenta en forma geométrica. En efecto, si representamos nuestras observaciones en una escala logarítmica en vez de una lineal, el crecimiento geométrico se transforma en uno aritmético: permite ver de modo "comprimido" distancias que aumentan cada vez más. En esta escala, avanzar cada paso equivale a avanzar un factor del paso anterior. Por ejemplo, si los números crecieran geométricamente, como una sucesión de dobles (1, 2, 4, 8...), el logaritmo de esos números crecería aritméticamente (0, 1, 2, 3...). Al avanzar en pasos regulares, se da una continuidad que no podía notarse en la escala lineal. Así, la tasa de errores también se comprime y se vuelve

A. Tarea de comparación: ¿Cuál es mayor?

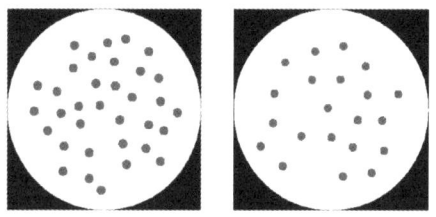

B. Tasa de errores

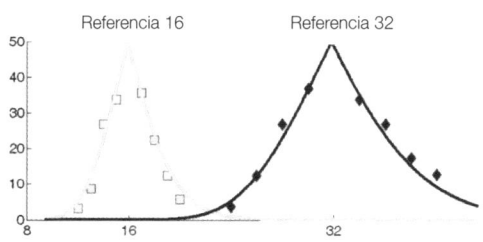

Número presentado: escala lineal

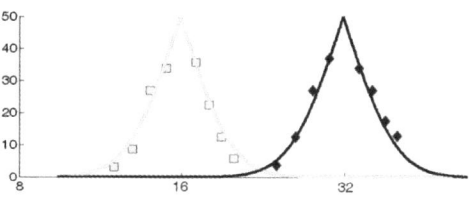

Número presentado: escala logarítmica

C. Codificación en una escala logarítmica gaussiana

D. Teoría de la detección de la señal

Figura 5. Algunos resultados elementales de psicofísica en el ámbito de los números. Cuando se pide a un participante (humano o animal) que entre dos colecciones de objetos elija la mayor (A), la tasa de errores disminuye en relación directa con la distancia entre los números (B). Esta función es asimétrica y de amplitud variable cuando se la expresa en una escala lineal, pero se vuelve simétrica y de amplitud fija en una escala logarítmica. Para explicar este hallazgo bastan dos hipótesis: que los números están codificados mediante variables gaussianas en una escala logarítmica interna (ley de Fechner, C) y que a ese *continuum* interno se aplica un criterio de decisión fijo (D). Esta teoría predice que la tasa de errores disminuye como la integral de una gaussiana (una función teórica que se condijo con los datos empíricos del cuadro B).

Fuente: M. Piazza, V. Izard, P. Pinel, D. Le Bihan y S. Dehaene, "Tuning curves for approximate numerosity in the human interparietal sulcus", *Neuron*, 44 (3), 2004, pp. 547-555.

una función simétrica muy sencilla, regular e invariante en todo el conjunto de números de la prueba (como se ve en el gráfico C de la figura 5).[26]

¿De dónde proviene esta función de discriminación? Sigamos a Fechner y supongamos que cada cantidad se representa mentalmente en una escala logarítmica. Además, sigamos al psicólogo e ingeniero mecánico estadounidense Louis Leon Thurstone y supongamos que estas cantidades mentales no pueden codificarse con precisión absoluta, sino que presentan una variabilidad gaussiana (o distribución normal de probabilidades; es decir, un conjunto de datos que varían en torno a un valor medio, aumentando su frecuencia en esa situación y disminuyendo a medida que se alejan de ella). La gráfica de esta distribución es la célebre campana de Gauss, que aparece al muestrear gran cantidad de fenómenos, como la estatura de muchos individuos de la misma edad o los números obtenidos al medir reiteradas veces cierta magnitud.

Así, en un ensayo dado, cada cantidad es representada mentalmente por una variable gaussiana al azar en un *continuum* logarítmico. La regla de respuesta óptima puede calcularse matemáticamente. Para decidir si una cantidad es menor o mayor que 16, es suficiente con fijar un criterio de respuesta en el *continuum* y contestar "mayor" cada vez que la variable aleatoria supera ese punto. Este modelo no funciona a la perfección, pero predice una tasa de errores igual a la superficie abarcada entre la curva gaussiana y el criterio de respuesta.

---

26 M. Piazza, V. Izard, P. Pinel, D. Le Bihan y S. Dehaene, "Tuning curves for approximate numerosity in the human interparietal sulcus", cit.

Podemos verlo en el gráfico D de la figura 5. La tasa de errores al comparar cantidades (esto es, al decidir si una colección es mayor o menor que un valor llamado "criterio de decisión") se obtiene de la zona gris del gráfico. Esta última tiene un área (un valor para su superficie) que matemáticamente puede calcularse como la integral de la curva gaussiana. (Las integrales son un método de cálculo, hoy en día sencillo para los estudiantes iniciales de cualquier facultad de Ciencias Exactas, pero ideado a principios de siglo XVIII entre Newton y Leibniz.) Al operar con la fórmula de la función de distribución se obtiene dicho número.

En efecto, al contemplar ese gráfico D, se observa que, si el centro de la campana estuviese más lejos del "criterio de decisión", entonces la zona gris sería menor, ya que el corte tomaría sólo el segmento que forma el "pie" o el "labio" de dicha campana. Esto es coherente con el aumento de rendimiento de la comparación cuando hay mucha distancia entre las numerosidades. Si en cambio el centro de la campana se acerca al corte dado por el "criterio de decisión", entonces la zona determinada será más amplia, con lo cual la tasa de error crecerá, como era esperable: la precisión para comparar cantidades cercanas disminuye.

Este ejemplo muy acotado expone cómo un modelo matemático muy simple puede dar cuenta de un comportamiento complejo. Desde hace muchos años sabemos que la teoría de la detección de la señal –cuyos principios fundamentales acabo de bosquejar– explica con notable detalle y refinamiento la mayor parte de los juicios perceptivos: el modo en que representamos y estimamos tamaño, peso, tono musical, etc. Hoy en día observamos que también rige dimensiones abstractas, como el número. Las leyes psicofísicas, a menudo deri-

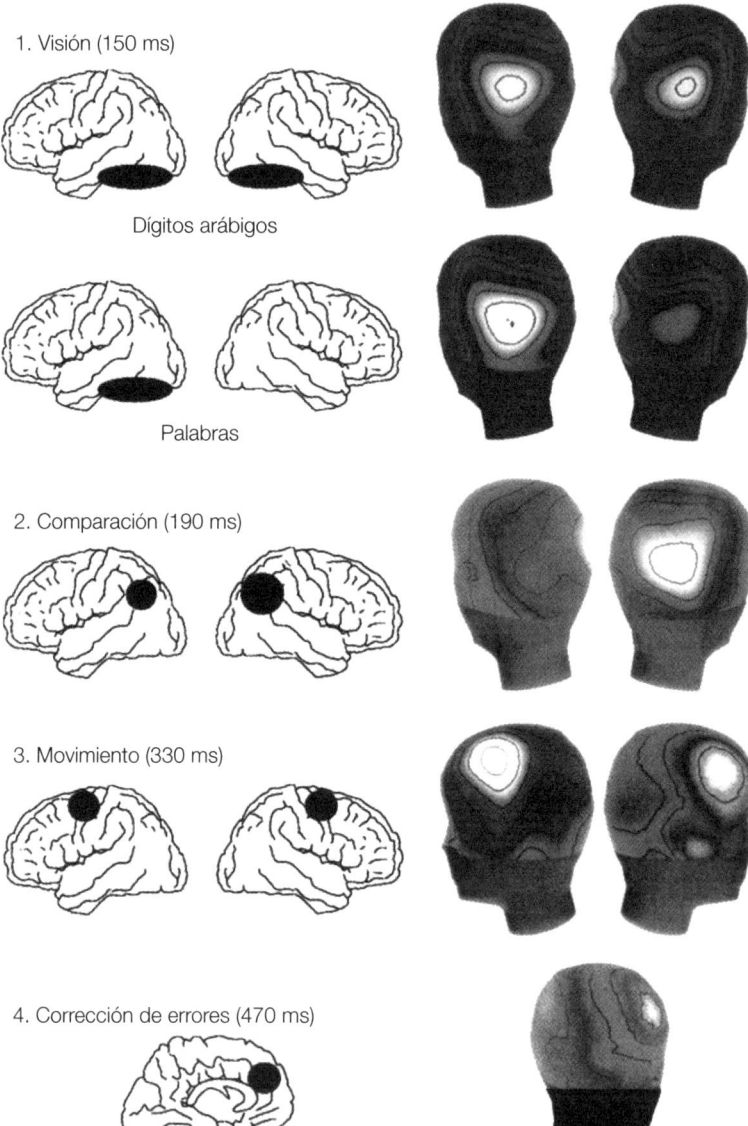

1. Visión (150 ms)

Dígitos arábigos

Palabras

2. Comparación (190 ms)

3. Movimiento (330 ms)

4. Corrección de errores (470 ms)

Figura 6. Al registrar los cambios mínimos en el voltaje generados por la actividad cerebral (electroencefalografía), se puede reconstruir la secuencia de activaciones cerebrales durante la comparación de dos números. En este experimento, un grupo de voluntarios presionaba teclas con la mano izquierda o la derecha (lo más rápido posible), para indicar si los números que veían eran menores o mayores que 5. Así, se notaron al menos cuatro etapas de procesamiento: 1) identificación visual del dígito o la palabra blanco; 2) representación de la cantidad correspondiente y comparación con la referencia memorizada; 3) programación y realización de la respuesta manual, y 4) corrección de eventuales errores.

Fuente: S. Dehaene, "The organization of brain activations in number comparison: Event-related potentials and the additive-factors methods", *Journal of Cognitive Neuroscience*, 8 (1), pp. 47-68.

vables de la estadística bayesiana, sugieren que los principios de codificación cerebral de los objetos mentales podrían ser similares en los niveles perceptivo y conceptual. Actualmente asistimos a una forma incipiente de "física de los conceptos", al menos de los más sencillos, como el concepto de numerosidad.

Las neuronas de los números

Al menos por un momento, continuemos el paralelismo entre la historia de la psicología y la de la física. La física conoció sus éxitos más espectaculares cuando un objeto teórico –inicialmente, puro constructo mental– se veía confirmado por la experimentación; por supuesto, eso sucedía con un intervalo de muchos años. El ejemplo más célebre es el del neutrino, cuya existencia postulaba ya en 1930 el físico austríaco (y premio Nobel 1945) Wolfgang Pauli: hubo que esperar hasta 1956 para que se detectase esa partícula subatómica sin carga y con una masa tanto más pequeña que la de las demás partículas elementales.

Salvadas las distancias, me resulta muy alentador notar una señal de madurez de la psicología cognitiva en la exitosa naturalización de sus objetos teóricos. En mi opinión, se trata de un logro en cierta medida comparable a los recién mencionados. En un principio, proponer que la cantidad y otras dimensiones son representables en un eje logarítmico, como precisamente sostuvo Fechner, no era otra cosa que un formalismo matemático. Y siguió siéndolo hasta que en los años ochenta y noventa del siglo pasado la modelización de redes de neuronas formales (RN), máquinas con capacidad de aprendizaje, permitió proponer una explicación neurobiológica al respecto.[27] Así, las cantidades pueden codificarse por obra de grupos de neuronas en competición; cada uno de ellos alcanza un nivel máximo de descarga cuando se presenta determinada cantidad. Este modelo teórico predecía la existencia de "neuronas detectoras de números", que codifican la presencia de un conjunto de, por ejemplo, cuatro o cinco objetos. La modelización explícita de su funcionamiento revela que cuanto más grandes son los números, mayor variabilidad encontraremos en sus códigos neurales (lo que se vuelve visible en las curvas que los representan). Según este modelo, es racional atribuir menos neuronas a los números mayores: este código neural comprimido nos lleva hacia una primera aproximación de la ley de Weber-Fechner.[28]

En paralelo, de 1985 a 2000, el desarrollo de las técnicas de neuroimágenes nos permitió obtener imágenes cada vez más nítidas de los cálculos del cerebro humano en el momento mismo en que sucedían: en primer lugar, la SPECT (tomografía computarizada de emisión monofotónica o de fotones individuales), después la PET (tomografía por emisión de positrones) y por último la fMRI (resonancia magnética funcional, que mide y "mapea" la actividad cerebral).[29] Durante los experimentos realizados con la asistencia de estos sistemas,

---

27 S. Dehaene y J.-P. Changeux, "Development of elementary numerical abilities: A neuronal model", *Journal of Cognitive Neuroscience*, 5 (4), 1993, pp. 390-407.

28 Íd. Véase también T. Verguts y W. Fias, "Representation of number in animals and humans: A neural model", *Journal of Cognitive Neuroscience*, 16 (9), 2004, pp. 1493-1504.

29 S. Dehaene, M. Piazza, P. Pinel y L. Cohen, "Three parietal circuits for number processing", *Cognitive Neuropsychology*, 20, 2003, pp. 487-506.

descubrimos una regularidad inesperada y sólida: todas las tareas que evocan un sentido de la cantidad –suma, resta, comparación, pero también la simple visión de un número arábigo o el cálculo de una nube de puntos– activan una red reproducible de regiones; primero, las situadas en lo profundo del surco intraparietal de los dos hemisferios. Esta localización se condice con los conocimientos de los neurólogos. Ya en la década de 1920, dos médicos alemanes, Salomon Henschel y Josef Gertsmann, observaron a gran cantidad de heridos de la Primera Guerra Mundial y demostraron que las lesiones del lóbulo parietal izquierdo traen aparejada una acalculia: los pacientes ya no son capaces de realizar operaciones tan sencillas como 7 – 2 o 3 + 5.

Del año 2000 en adelante, el constante refinamiento de las técnicas de imágenes del cerebro llevó a una exacta especificación de la región activada por el cálculo, localizada en el lóbulo parietal. En efecto, la fMRI la muestra inserta en una red de regiones implicadas en los movimientos de los ojos, de la atención y de las manos.[30] La electrofisiología estudió todas estas actividades visual-motoras en simios macacos, lo cual permitió detectar en el cerebro de esos simios áreas específicas cuya geometría reproduce en gran medida la organización presente en la especie humana. Por ende, hay una

---

30 O. Simon, J.-F. Mangin, L. Cohen, D. Le Bihan y S. Dehaene, "Topographical layout of hand, eye, calculation, and language-related areas in the human parietal lobe", *Neuron*, 33 (3), 2002, pp. 475-487; O. Simon, F. Kherif, G. Flandin, J.-B. Poline, D. Rivière, J.-F. Mangin, D. Le Bihan y S. Dehaene, "Automatized clustering and functional geometry of human parietofrontal networks for lenguage, space, and number", *Neuroimage*, 23 (3), 2004, pp. 1192-1202.

homología plausible entre los primates humanos y no humanos. ¿Cabría extender esa homología al terreno de las matemáticas y, en sentido más acotado, de la aritmética? Como ya vimos, el simio macaco puede realizar algunas operaciones aritméticas con un perfil de respuesta comparable al del humano en cuanto a efectos de distancia y magnitud.[31] Así, surge una idea, que podemos formular en una hipótesis muy tentativa: en todos los primates, tanto humanos como no humanos, la región intraparietal bien podría albergar las neuronas detectoras de números postuladas por los modelos de red neural de procesamiento de números.

En 2002, Andreas Nieder, profesor en Tubinga, y Earl Miller, colega suyo en el Instituto Tecnológico de Massachusetts (MIT), pusieron a prueba esa audaz idea. Adoptando numerosos recaudos experimentales, estos dos investigadores empezaron por entrenar a animales para que juzgaran si dos conjuntos incluyen el mismo número de objetos. Una enorme batería de controles confirmó que el desempeño de los animales está decididamente asociado a los números y que ese mismo desempeño sigue la ley de Weber. Entonces, registraron tanto la región prefrontal como la intraparietal profunda (la misma que nuestros experimentos con imágenes del cerebro permitían predecir en el hombre) y descubrieron que allí cerca del 20% (entre el 15 y el 30%) de las neuronas son sensibles a los números (figura 7). Los perfiles de respuesta se ajustaban estrictamente a la teoría: cada neurona se encendía

31 J. F. Cantlon y E. M. Brannon, "Shared system for ordering small and large numbers in monkeys and humans", *Psychological Science*, 17 (5), 2006, pp. 401-406.

A. Electrofisiología en el simio macaco

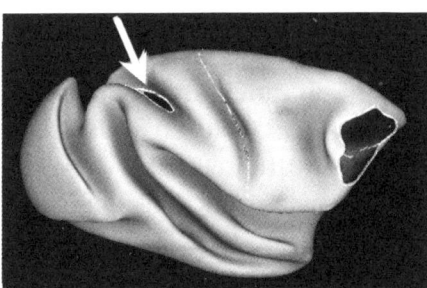

C. Activaciones observadas mediante técnicas de imágenes del cerebro en el hombre

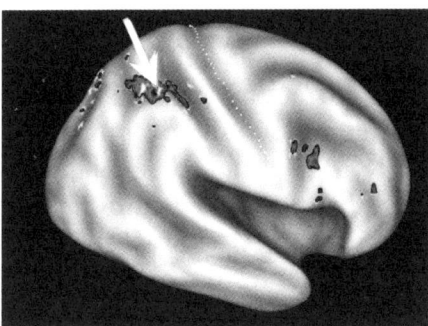

B. Perfiles de respuesta de diferentes neuronas

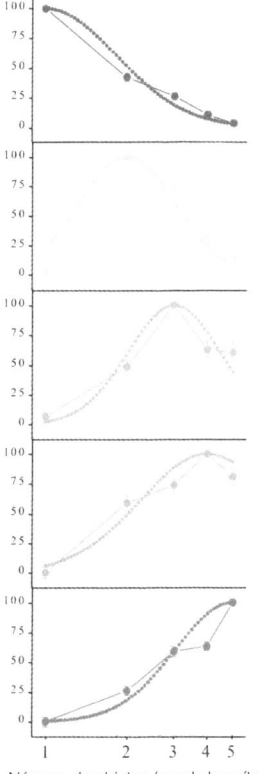

Número de objetos (escala logarítmica)

Figura 7. Codificación neuronal de los números en el simio macaco. En el fondo del surco intraparietal (A) se detectaron neuronas cuyo perfil de respuesta corresponde a la teoría psicofísica: cada neurona prefiere un número dado, y su tasa de descarga adopta un perfil gaussiano en una escala logarítmica (B). La región intraparietal profunda en que se detectó la presencia de esas neuronas presenta una estricta homología con el segmento horizontal del surco intraparietal humano, donde las técnicas de neuroimagen observan activaciones asociadas al cálculo mental y al tratamiento de las cantidades (C).

Fuente: A. Nieder y E. K. Miller, "Coding of cognitive magnitude. Compressed scaling of numerical information in the primate prefrontal cortex", *Neuron*, 37 (1), 2003, pp. 149-157.

y llegaba al máximo para una numerosidad dada, su tasa de descarga disminuía con la distancia numérica y exhibía una curva de respuesta gaussiana casi perfecta cuando los datos se formalizaban en una escala logarítmica.[32]

A fin de cuentas, todas esas propiedades nos permiten comprender el origen neuronal de la ley de Weber y de la ley de distancia. El efecto de distancia proviene del solapamiento entre las poblaciones de neuronas que codifican numerosidades respectivamente cercanas. En cuanto a la ley de Weber, surge de las curvas de flujo del código neural, que se incrementan conforme aumentan las numerosidades. Incluso en disposición anatómica, parece haber una notable homología entre las regiones parietales que se ocupan del número en el cerebro del hombre y en el del animal. En conjunto, estos resultados abren un amplio programa de investigación. ¿La precisión de las operaciones aritméticas puede deducirse de la del código neural? ¿Cómo se mueve en el mapa la actividad neural durante un cálculo? ¿Mediante qué mecanismos adquieren su selectividad las neuronas parietales? ¿Esos mecanismos están presentes en animales no entrenados? ¿Qué genes de

32 Véanse, por ejemplo, A. Nieder, D. J. Freedman y E. K. Miller, "Representation of the quantity of visual items in the primate prefrontal cortex", *Science*, 297 (5587), 2002, pp. 1708-1711; y, de A. Nieder y E. K. Miller, "Coding of cognitive magnitude. Compressed scaling of numerical information in the primate prefrontal cortex", *Neuron*, 37 (1), 2003, pp. 149-157, y "A parieto-frontal network for visual numerical information in the monkey", *Proceedings of the National Academy of Sciences of the United States of America*, 101, 2004, pp. 7457-7462.

desarrollo configuran el mapa parietal? ¿Cuál es su grado de conservación de una especie a otra? ¿La anomalía de dichos genes o su interacción con patógenos como el alcohol durante el embarazo podría explicar la discalculia, esto es, los trastornos o ausencia de intuición aritmética en algunos niños?[33]

La cronometría mental de la decisión numérica

Habrá quien pueda objetar que la aritmética humana presenta una diferencia fundamental con la del animal. Sólo nuestra especie dispone de una variedad de símbolos (palabras y grafías) inventados por ella para los números: sus formas varían radicalmente de una cultura a otra. ¿Acaso esos símbolos no nos dan acceso a un modo de cálculo exacto completamente nuevo en su carácter, sin relación alguna con la percepción de cantidades que se da en los animales? No, de ninguna manera. No cabe duda de que la invención de algoritmos simbólicos expandió considerablemente nuestras competencias matemáticas humanas; con todo, su fundamento no deja de estar profundamente arraigado en la cognición animal. Cuando hacemos cálculos simbólicos, el efecto de distancia y la ley de Weber siguen caracterizando nuestra conducta. En 1967, los investigadores Robert Moyer y Thomas Landauer descubrieron que el efecto de distancia caracteriza no sólo la percepción de las magnitudes físicas, sino también la comprensión de símbolos como

---

33 Precisamente en esos niños las técnicas de imagen del cerebro dejan en evidencia una desorganización del surco intraparietal.

los números arábigos (figura 8).[34] Por ejemplo, supongamos que les presento varios números de dos cifras, uno tras otro, y les pido que –lo antes posible– decidan si esos números son mayores o menores que 65. En esa situación, su desempeño incluiría pocos errores: aun en casos de distancias absolutas muy pequeñas, como cuando el número es 64 o 66, para ustedes la magnitud ya es conocida con precisión. De todos modos, por sorprendente que pueda parecer, su tiempo de respuesta variará sistemáticamente con la distancia respecto de nuestra referencia, el 65: será veloz para los números más alejados y más lento conforme se acerquen. Además, en este último caso los números no están enteramente exentos de error.

¿Cómo interpretar este efecto de distancia? Desde luego, para tomar su decisión el cerebro no se limita a manipular los símbolos de los números arábigos en cuanto dígitos. Si ese fuera el caso, en un comienzo compararía el dígito de la izquierda con 6 y más tarde, sólo en caso de ser necesario, el dígito de la derecha con 5. En vez de eso, constatamos que se toma en cuenta la cantidad global, mediante una conversión: se traduce mentalmente el número a una cantidad interna comparable a la ya evocada (o a la evocable) por un conjunto de objetos; por esto, resulta variable, fluctuante y sujeta a las leyes de la psicofísica.

En presencia de fluctuaciones indiscriminadas como esas –que en matemáticas se denominan "estocásticas"–, el cerebro debe comportarse como un estadístico que recopila múltiples muestras antes de llegar a una con-

---

34 R. S. Moyer y T. K. Landauer, "Time required for judgements of numerical inequality", *Nature*, 215, 1967, pp. 1519-1520.

clusión sólida. Entonces, el efecto de distancia puede resultar explicable. Esta recolección, necesaria para tomar una decisión, dura tanto más tiempo cuando los objetos comparados son más próximos en su significado. Pero ¿cuál es el algoritmo matemático óptimo con que uno puede tomar ese tipo de decisión? Ya hacia 1943 el británico Alan Turing había formalizado este problema en un contexto aportado por la criptografía. En Bletchey Park, recinto militar donde tiene su sede el equipo británico de cifrado y decodificación de información secreta, a Turing se le asignó el trabajo de, precisamente, descifrar mensajes alemanes interceptados (todos ellos habían sido encriptados por distintas variantes de la máquina Enigma). Cada fracción de mensaje aportaba apenas fragmentos de información, tan ínfimos que no podían aprovecharse. Turing descubrió cómo combinarlos para obtener información más estable. Su teoría definió el "peso" de una información I a favor de la hipótesis A como el logaritmo de su verosimilitud, que es la razón (el cociente) de las probabilidades de observar I si se sostiene esa hipótesis y si se sostiene la hipótesis contraria:

$$\text{peso de } I \text{ a favor de } A = \log \left[\frac{\text{probabilidad de } I \text{ si } A \text{ es verdadera}}{\text{probabilidad de } I \text{ si } A \text{ es falsa}} \right]$$

Según el teorema de Bayes, los pesos aportados por los segmentos de información independientes pueden sumarse:

$$\text{peso total a favor de } A = \text{sesgo inicial} + \text{peso}(I_1) + \\ + \text{peso}(I_2) + \text{peso}(I_3) + \dots$$

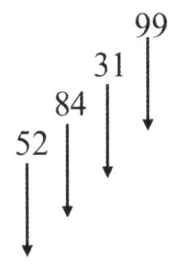

52 84 31 99

¿Es mayor o menor que 65?

Menor   Mayor

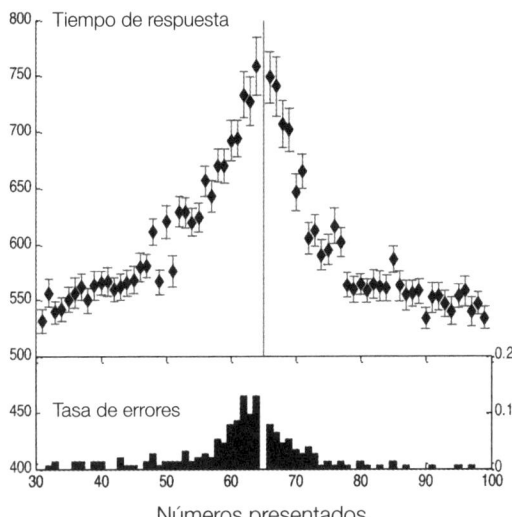

Figura 8. El efecto de distancia en tareas de comparación, descubierto por Robert Moyer y Thomas Landauer en 1967: incluso si es cuestión de comparar números presentados en forma de símbolos (verbales o dígitos arábigos), el tiempo de respuesta y la tasa de errores decrecen sostenidamente al aumentar la distancia numérica.

Así, esta ecuación señala que, aunque cada segmento de información sea muy pequeño (o ínfimo), puede obtenerse cierto nivel de certidumbre (por definición, arbitrario) con sólo sumar sus pesos y aguardar que el total alcance un umbral de verosimilitud definido de antemano. Combinado con el uso de las primeras computadoras, el algoritmo de Turing permitió desencriptar el código Enigma.

Pero el matemático y lógico inglés había puesto en funcionamiento un mecanismo cuyas aplicaciones van tanto más allá de la criptografía. En 1947 el estadístico húngaro Abraham Wald redescubrió ese algoritmo y demostró que constituye una herramienta óptima para la inferencia estadística secuencial. En los años sesenta, los psicólogos George Stone y Donald Laming postularon que el cerebro humano utiliza esta regla de muestreo secuencial.[35] Veamos cómo se aplica esta idea a la comparación de números. A cada instante, se supone que la representación del número deriva de una ley gaussiana en un *continuum* logarítmico. Cada muestra aporta un "voto" a favor de una respuesta ("mayor que 65" o "menor que 65"). La suma de esos votos crece de modo estocástico, formando lo que los matemáticos llaman "marcha aleatoria" (figura 9), esto es, una trayectoria en que cada posición depende del paso previo y de otra variable aleatoria, como si fuese el andar de una persona ebria o el surco trazado por una mota de polen suspendida en el café de nuestra taza. El aspecto de esta marcha es "ruidoso", de cambio abrupto y constante, no prolijo y armonioso como sería si el conteo de los

---

35 D. R. J. Laming, *Information Theory of Choice-Reacting Times*, Londres, Academic Press, 1968.

"votos" fuese planificado y causal. El modelo presupone que se emite una respuesta tan pronto como la suma alcanza uno de los dos umbrales fijados de antemano. El sujeto decide responder "mayor" si se alcanza el umbral correspondiente al valor más alto y "menor" si, en cambio, se alcanza el segundo umbral. Estos umbrales pueden ajustarse para obtener una solución de compromiso óptima entre tiempo de respuesta y tasa de errores.

Lo interesante de este modelo es que, con un grado mínimo de complicaciones, tiene la capacidad de explicar con gran detalle la variabilidad de los procesos de toma de decisiones que llevamos adelante nosotros, los humanos.[36] ¿Por qué nuestras decisiones son tan variables y por qué presentan tantos errores, aunque que el estímulo simbólico no varíe? El modelo de marcha aleatoria da una explicación al respecto, poniendo de relieve que, en un entorno neuronal "ruidoso", el sistema de toma de decisiones encuentra y extrae la señal pertinente, tal como haría un experto en criptografía.

En este modelo, tanto como en las variantes que desarrollaron los psicólogos Stephen W. Link, Roger Ratcliff, Marius Usher y Jay McClelland,[37] el cálculo de la distribución del tiempo de respuesta se vuelve un problema puramente matemático, el de un proceso de difusión con barreras absorbentes, modelo que explica la difusión de

---

36 P. L. Smith y R. Ratcliff, "Psychology and neurobiology of simple decisions", *Trends in Neurosciences*, 27 (3), 2004, pp. 161-168.

37 S. Link, *The Wave Theory of Difference and Similarity*, Hillsdale (Nueva Jersey), Lawrence Erlbaum Associates, 1992; M. Usher y J. L. McClelland, "The time course of perceptual choice: The leaky, competing accumulator model", *Psychological Review*, 108 (3), 2001, pp. 550-592; P. L. Smith y R. Ratcliff, "Psychology and neurobiology...", cit.

A. Teoría de la marcha aleatoria

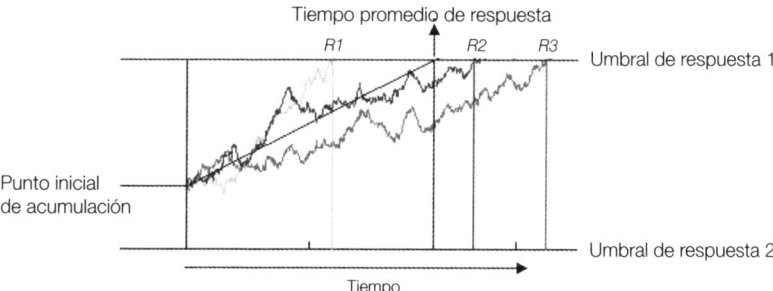

Tiempo promedio de respuesta

R1   R2   R3

Umbral de respuesta 1

Punto inicial
de acumulación

Umbral de respuesta 2

Tiempo

B. Distribución del tiempo de respuesta

Teoría ———   Observaciones ●●●

Números alejados

Números cercanos

Tiempo de respuesta

Figura 9. Modelización de una toma de decisión elemental mediante un proceso de acumulación de marcha aleatoria. Cada decisión es resultante de una acumulación estocástica (vale decir, producto del azar), cuya pendiente depende de la calidad de los datos perceptivos o cognitivos utilizados en la tarea, y que prosigue hasta alcanzar uno de los dos umbrales de respuesta. El modelo explica la variabilidad de los tiempos de respuesta en muchas tareas cognitivas sencillas.
Fuente: M. Sigman y S. Dehaene, "Parsing a cognitive task: A characterization of the mind's bottleneck", *PLoS Biology*, 3 (2), e37, Public Library of Science, 2005.

un fluido en otro (una gota de tinta en el agua, por ejemplo). El avance en cada intervalo de tiempo sigue los designios del azar, aunque puede modelizarse probabilísticamente y su tiempo de finalización es conocido. Así, los límites o barreras que se imponen a esa difusión (en este caso, los umbrales de respuesta que guían la secuencia de votos) posibilitan la decisión de la comparación a partir de la acumulación interna de datos o evidencia (las líneas que pueden observarse en el gráfico A de la figura 9). La solución es muy conocida por los físicos, aunque –desde un enfoque psicológico– no es de las más sencillas. Ratcliff y sus colegas revelaron que la distribución prevista se ajusta muy bien a las leyes de la cronometría mental y, sobre todo, con el perfil conocido de la distribución de los tiempos de respuesta. Así, la teoría confirma con gran exactitud lo que se sabe desde hace un siglo: esa distribución obedece a una ley reproducible.

Si la señal es débil, puede ocurrir que la acumulación interna nunca alcance el umbral, especialmente si el acumulador tiene fugas y no logra cumplir su misión de modo fiable a lo largo del tiempo.[38] Por ende, el sujeto debe responder con una "elección forzada" después de un lapso fijo de tiempo. La *ley de los números grandes* predice que, si se detiene la acumulación antes del tiempo fijo estipulado, el estado interno del acumulador, que funda la decisión, será una variable aleatoria gaussiana. Lo anterior equivale a decir que en circunstancias como esas volvemos a encontrar las hipótesis de la teoría de la detección de señales que mencionaba previamente: la nueva teoría de la decisión engloba a la antigua. Esto

---

38 M. Usher y J. L. McClelland, "The time course of perceptual choice…", cit.

también da cuenta de que –en esas condiciones de plazo de respuesta– el desempeño se incrementa con el tiempo de decisión, en consonancia con una ley que la teoría logró predecir con gran precisión.

Las leyes neurales de la toma de decisiones

Ya tuve ocasión de señalar que los modelos psicológicos (al menos, los buenos modelos) ambicionaban verse confirmados en el nivel neuronal, tal como había sucedido en la física con la hipótesis del neutrino. Casi cuarenta años después de su primera formulación, la teoría psicológica del acumulador estocástico resultó confirmada por la electrofisiología. Michael Shadlen, William Newstone y sus colegas registraron la actividad neuronal del córtex prefrontal de simios macacos mientras estos tomaban decisiones perceptivas.[39] Descubrieron que la actividad de esas neuronas crece de modo estocástico, con una pendiente que está en relación directa con la calidad de los indicios percibidos. En busca de tomar una decisión, las neuronas parietales y prefrontales parecen acumular las señales perceptivas transmitidas por las regiones corticales posteriores relevantes. Su perfil de descarga traza una marcha aleatoria, ya no virtual, sino inscrita en la actividad cerebral. Esta marcha aleatoria predice la latencia de respuesta

---

39 J. N. Kim y M. N. Shadlen, "Neural correlates of a decision in the dorsolateral prefrontal cortex of the macaque", *Nature Neuroscience*, 2, 1999, pp. 176-185; J. I. Gold y M. N. Shadlen, "Banburismus and the brain: Decoding the relationship between sensory stimuli, decisions, and reward", *Neuron*, 36 (2), 2002, pp. 299-308.

del animal e incluso la eventual presencia de errores. Además, el investigador experimental puede aumentar su frecuencia mediante microestimulación intracortical si desea sesgar la percepción.

En la última década asistimos a una notable expansión de esta área de investigaciones.[40] Tanto en la región lateral parietal como en el córtex frontal y en el colículo superior se observó la presencia de neuronas integradoras, acumuladoras. Se logró un refinado modelo de su comportamiento con las herramientas de la física de los sistemas dinámicos. Los investigadores Kong-Fatt Wong y Xiao-Jing Wang demostraron que, en una primera aproximación, una acumulación secuencial surge de la actividad dinámica de una red con bucles de retroalimentación, en que cada decisión es representada por un grupo diferenciado de neuronas.[41] Por ende, el tiempo de convergencia depende de las características de un "punto crítico" que separa los lechos del atractor correspondientes a las distintas opciones. Es un modelo mínimo, evidentemente muy simplificado, pero que resulta interesante al presentar de modo tentativo un nexo entre la facultad de integración temporal y la velocidad de respuesta de los receptores NMDA del subgrupo glutamato, predicción interesante que habrá que poner a prueba en el futuro.

También debemos incluir en el modelo mecanismos de recompensa que pueden sesgar la toma de decisiones hacia opciones que en el pasado llevaron a

---

40 Para más detalles, sugiero leer A. Berthoz, *La décision*, París, Odile Jacob, 2003.

41 K. F. Wong y X. J. Wang, "A recurrent network mechanism of time integration in perceptual decisions", *Journal of Neuroscience*, 26 (4), 2006, pp. 1314-1328.

un resultado favorable. Esos sesgos emocionales, que Antonio Damasio propone llamar "reacciones viscerales", regulan nuestras elecciones, a menudo para bien, pero a veces también para mal. La adicción a las drogas podría explicarse, al menos en parte, por un sesgo de nuestro aparato de toma de decisiones: según las teorías actuales, ciertas sustancias activas manipularían directamente los mecanismos farmacológicos de la decisión de modo que queden "congelados", fijos en una decisión de la cual no se puede escapar.[42]

Así, la paulatina elucidación de las redes de la toma de decisión mental da cuerpo a la visión de Jean-Pierre Changeux que, en su lección inaugural, destacaba que "hay una plena compatibilidad de principio entre el determinismo más absoluto y el aparente carácter imprevisible de un comportamiento". "Cada Pensamiento lanza un Golpe de Dados", anticipaba Stéphane Mallarmé en su más que célebre *Un golpe de dados jamás abolirá el azar*.[43] En conformidad con el proyecto definido por Changeux en *El hombre neuronal*,[44] la variabilidad y el ilusorio libre arbitrio de las decisiones humanas comienza

---

42 B. S. Gutkin, S. Dehaene y J.-P. Changeux, "A neurocomputational hypothesis for nicotine addiction", *Proceedings of the National Academy of Sciences of the United States of America*, 103 (4), 2006, pp. 1106-1111; A. D. Redish, "Addiction as a computational process gone awry", *Science*, 306 (5703), 2004, pp. 1944-1947.

43 En mayo de 1897 y en la revista *Cosmopolis*, 6 (17), p. 427, al final de *Un coup de dés jamais n'abolira le hasard* se lee: "Toute Pensée émet un Coup de Dés". [N. de T.]

44 J.-P. Changeux, *L'homme neuronal*, París, Fayard, col. "Pluriel", 1983 [ed. cast.: *El hombre neuronal*, Madrid, Espasa-Calpe, 1985; véase una evaluación del propio autor a treinta años de la publicación del libro, disponible en <revistas.udem.

a conectarse con mecanismos neuronales sencillos cuya dinámica gobierna nuestro comportamiento. La psicología ingenua o popular se pregunta cómo tomamos decisiones; la nueva teoría indica cómo las decisiones se forman en nuestro interior, mediante un espontáneo quiebre de simetría en redes neuronales estocásticas y metaestables. En esta teoría emergente, las leyes psicológicas de cronometría mental se deducen de la física estadística de redes neuronales, y –en una primera aproximación– estas producen el algoritmo óptimo de toma de decisiones que fundamentó Turing por primera vez. En suma, la evolución dotó a nuestras redes cerebrales de una dinámica que se acerca a la estadística de un observador ideal.

La descomposición de una operación mental

Después de contemplar la toma de decisiones, ampliemos el campo de observación para reconsiderar las sucesivas etapas en el tratamiento o procesamiento de un símbolo numérico. Actualmente, el modelo al cual llegamos se descompone en tres estadíos: reconocimiento visual del símbolo, conversión en una cantidad interna que sirve de soporte para la toma de decisiones y, por último, programación motora de una respuesta. Para evaluar la validez de una segmentación como esta, en 1969 el psicólogo Saul Sternberg introdujo el "método de factores aditivos". Esto supone manipular de manera independiente distintas variables experimenta-

————

edu.co/index.php/Ciencias_Sociales/article/view/2209/1882>, N. de T.].

les (de cada una de ellas se supone que afectará sólo una etapa del procesamiento) y estudiar su impacto de estas modificaciones en el tiempo de respuesta y en la actividad cerebral (figura 10).

En el caso de la comparación de números, cada etapa puede desacelerarse selectivamente por obra de un factor experimental diferenciado: la detección visual es más lenta para las palabras que para los números arábigos, la toma de decisiones (tal como ya vimos) es más lenta cuando la distancia entre los números en cuestión tiende a 0 y, por último, la latencia de las respuestas aumenta si incrementamos la complejidad de la respuesta (por ejemplo, cuando pedimos a los participantes que cliqueen dos veces seguidas).

Si el tratamiento de la información es serial, los efectos acumulativos de cada una de esas desaceleraciones deberían ser aditivos. De hecho, así sucede: cada etapa añade un tiempo fijo al tiempo total promedio de cálculo. La fMRI y el EEC confirman la presencia de tres sistemas cerebrales distintos, cada uno afectado por un solo factor e involucrado en un momento diferente.[45] El análisis visual comienza después de 110 milisegundos (ms) en la región témporo-occipital del hemisferio izquierdo para las palabras escritas y en los dos hemisferios para los números arábigos. En ese estadío, no hay rastros de significado; el procesamiento

---

45 S. Dehaene, "The organization of brain activations in number comparison: Event-related potentials and the additive-factors methods", *Journal of Cognitive Neuroscience*, 8, 1996, pp. 47-68; P. Pinel, S. Dehaene, D. Rivière y D. Le Bihan, "Modulation of parietal activation by semantic distance in a number comparison task", *Neuroimage*, 14 (5), 2001, pp. 1013-1026.

Reconocimiento de los símbolos		Conversión en cantidad y decisión		Programación de la respuesta
cincuenta y ocho		 58		mano derecha

Patrón de conducta

Efecto de rotación	Efecto de distancia	Efectos de lateralización y de complejidad motora

Desarrollo temporal en potenciales evocados

110-170 milisegundos (ms)

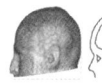 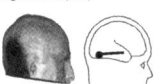

250-450 ms

 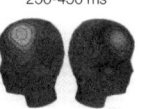

Localización de los circuitos mediante fMRI

Región occípito-temporal ventral	Región intraparietal	Regiones premotoras y motoras

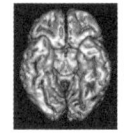 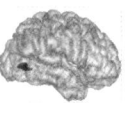 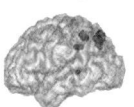 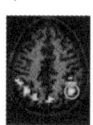 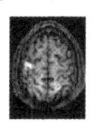 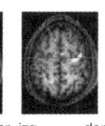

izq   der izq   der

Figura 10. Descomposición de una tarea cognitiva. El método de factores aditivos reposa sobre la detección de factores experimentales de los cuales se supone que afectan selectivamente diferentes etapas de una tarea cognitiva. Si la tarea se descompone de modo conveniente, se verifica que 1) los aportes de cada factor al tiempo total de respuesta son aditivos; 2) en los registros de potenciales evocados, cada factor afecta una ventana de tiempo diferenciada, en el orden temporal apropiado y con una topografía definida; 3) en fMRI, cada factor afecta a una red diferente de áreas cerebrales cuya localización se corresponde con la topografía de los potenciales evocados en la respectiva condición experimental.

está dominado exclusivamente por el reconocimiento de la forma de los símbolos, su "extracción". De todos modos, después de unos 190 ms, se activa la región intraparietal y el código cambia: esta región se interesa únicamente en las cantidades numéricas, no en la notación específica utilizada para consignarla. Por último, después de los 250 ms, aparecen los primeros efectos de programación motora en el córtex premotor y motor. Alcanzado este punto, lo único que tiene relevancia es el lado de la respuesta que se producirá, es decir, izquierda o derecha.

El carácter serial de estas etapas es sólo aproximativo. En una escala temporal refinada, los análisis iniciados por el brillante neurofisiólogo Jean Requin y notablemente expandidos por los trabajos de la neurocientífica Alexa Riehle y de Jeff Miller exponen una transmisión gradual de etapa en etapa, compatible con el modelo de propagación en cascada propuesto por Jay McClelland.

Los mecanismos del reconocimiento visual de palabras

Con todo, sigue siendo cierto que cada región cerebral contribuye a una operación muy específica. Ya hablé largamente de la región parietal y del sentido numérico (para mayor precisión: señalé que dicha región codifica el significado de los números). Sin embargo, la región témporo-occipital izquierda es igual de interesante para los psicólogos, Ya en 1892 el neurólogo francés Joseph Déjerine había señalado su papel en la detección de las letras y las palabras, y descrito por primera vez el síndrome de alexia pura. Uno de sus pacientes había tenido una lesión en esa región y ya no era capaz de leer siquiera una palabra, aunque todavía sabía escribir y hablar.

Ciento diez años después, las técnicas de imagen del cerebro –sobre todo, su empleo en los estudios desarrollados por el neurólogo Laurent Cohen en el Hospital de la Salpêtrière– permitieron la repetición de esas observaciones.[46] Una serie de experimentos con fMRI indica que esa región responde a palabras escritas independientemente de su tamaño o posición y también que es responsable de su invariancia caso a caso (el hecho de que podamos reconocer, por ejemplo, PALABRAS EN MAYÚSCULAS y palabras en minúsculas).

En el límite entre naturaleza y cultura, la existencia de una región especializada para las palabras formula un hermoso problema acerca del desarrollo cerebral. ¿Cómo dar cuenta de que el cerebro dedica a la lectura una región, y la misma región en todas las personas, casi en el mismo lugar –un centímetro más o un centímetro menos– sin importar si ellas leen en francés, inglés, hebreo o chino? La explicación propuesta es la de un "reciclaje cultural": la reconversión de un área cerebral preexistente con miras a una actividad nueva, la lectura.[47] En el hombre, tal como en los demás pri-

---

46 L. Cohen y S. Dehaene, "Specialization within the ventral stream: The case for the visual word form area", *Neuroimage*, 22 (1), 2004, pp. 466-476; R. Gaillard, L. Naccache, P. Pinel, S. Clemenceau, E. Volle, D. Hasboun, S. Dupont, M. Baulac, S. Dehaene, C. Adam y L. Cohen, "Direct intracranial, fMRI, and lesion evidence for the causal role of left inferotemporal cortex in reading", *Neuron*, 50 (2), 2006, pp. 191-204.

47 S. Dehaene, "Evolution of human cortical circuits for reading and arithmetic. The 'neuronal recycling' hypothesis", en S. Dehaene,

mates, la región occípito-temporal interviene ya en el reconocimiento visual de objetos y rostros. Los trabajos del reconocido investigador japonés Yasushi Miyashita y del biólogo y neurocientífico griego Nikos Logothetis, director del departamento Fisiología de los Procesos Cognitivos en el Instituto Max Planck de Cibernética Biológica en Tubinga, revelaron un considerable grado de plasticidad neuronal en esa región: las neuronas se adaptan para reconocer nuevas formas, incluidos fractales y otras combinaciones arbitrarias de trazos. Varios equipos (sobre todo los de los investigadores japoneses Keiji Tanaka y Manabu Tanifuji y el médico legista inglés Paul T. d'Orbán) registraron neuronas que son selectivas para fragmentos de objetos, algunos de ellos ya con formas que se acercan mucho a las de ciertas letras. Al verse expuestas a la escritura, estas redes podrían reorganizarse, "reciclarse", para formar una pirámide jerárquica de invariancia creciente, capaz de reconocer en un comienzo las letras para luego agruparlas en grafemas, en morfemas y, por último, en palabras o fragmentos de palabras.[48]

Ciertos experimentos con fMRI en niños muestran que la región occípito-temporal adquiere su solvencia

---

J.-R. Duhamel, M. Hauser y G. Rizzolatti (eds.), *From Monkey Brain to Human Brain*, Cambridge (Massachusetts), MIT Press, 2005, pp. 133-157. [La teoría del reciclaje neuronal es decisiva en los trabajos de Stanislas Dehaene sobre la lectura; véanse su *El cerebro lector. Últimas noticias de las neurociencias sobre la lectura, la enseñanza, el aprendizaje y la dislexia*, Buenos Aires, Siglo XXI, 2014 y su compilación *Aprender a leer. De las ciencias cognitivas al aula*, Buenos Aires, Siglo XXI, 2015. N. de T.]

48 S. Dehaene, L. Cohen, M. Sigman, F. Vinckier, "The neural code for written words: A proposal", *Trends in Cognitive Sciences*, 9, 2005, pp. 335-341.

respecto de las cadenas de letras gradualmente, entre los 6 y los 12 años de edad. Esta región también es una figura preeminente entre las áreas del cerebro con actividad normalmente endeble en los niños disléxicos.[49]

Nuestra creciente comprensión de los mecanismos de la lectura (figura 11) no carece de consecuencias para el constante debate –que recientemente recuperó un sitio de privilegio en las cuestiones de actualidad– sobre el método óptimo para enseñar a leer. Ya quedó claro que la región occípito-temporal no trabaja con un reconocimiento global de la forma de la palabra, sino que aprende a segmentarla en letras, grafemas y morfemas, que ineludiblemente están conectados con las unidades fonémicas y léxicas del idioma hablado. (Por eso mismo, es pura ganancia cuando esas relaciones con los sonidos se enseñan explícitamente a los niños.)

Así, las neuroimágenes y los hallazgos comportamentales aportan argumentos a favor de una enseñanza explícita de las correspondencias fonemas-grafemas, lo cual converge con los trabajos de la psicología cognitiva sobre la adquisición de la lectura en los niños, además

---

49 E. Paulesu, J- F. Démonet, F. Fazio, E. McCrory, V. Chanoine, N. Brunswick, S. F. Cappa, G. Cossu, M. Habib, C. D. Frith y U. Frith, "Dyslexia: Cultural diversity and biological unity", *Science*, 291 (5511), 2001, pp. 2165-2167; B. A. Shaywitz, S. E. Shaywitz, K. R. Pugh, W. E. Mencl, R. K. Fulbright, P. Skudlarski, R. T. Constable, K. E. Marchione, J. M. Fletcher, G. R. Lyon y J. C. Gore, "Disruption of posterior brain systems for reading in children with developmental dyslexia", *Biological Psychiatry*, 52 (2), 2002, pp. 101-110.

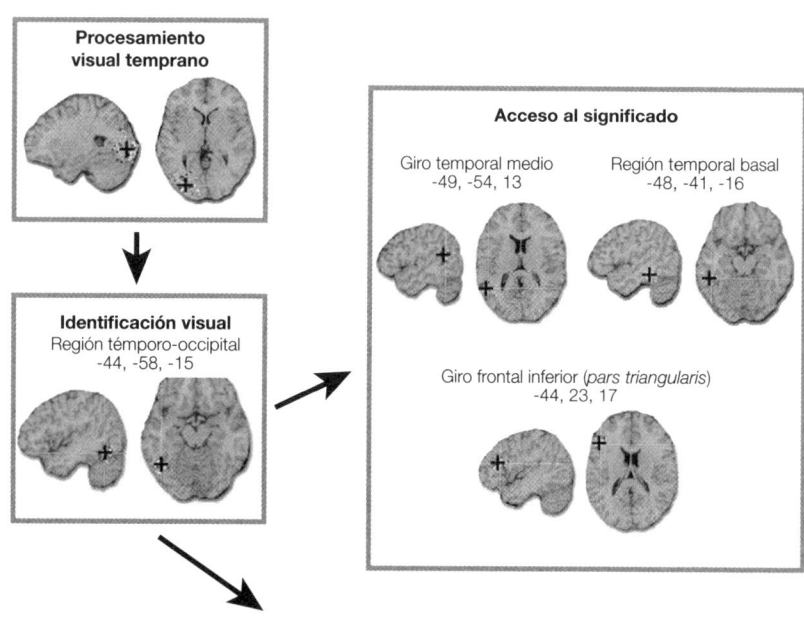

Procesamiento visual temprano

Identificación visual
Región témporo-occipital
-44, -58, -15

Acceso al significado

Giro temporal medio
-49, -54, 13

Región temporal basal
-48, -41, -16

Giro frontal inferior (*pars triangularis*)
-44, 23, 17

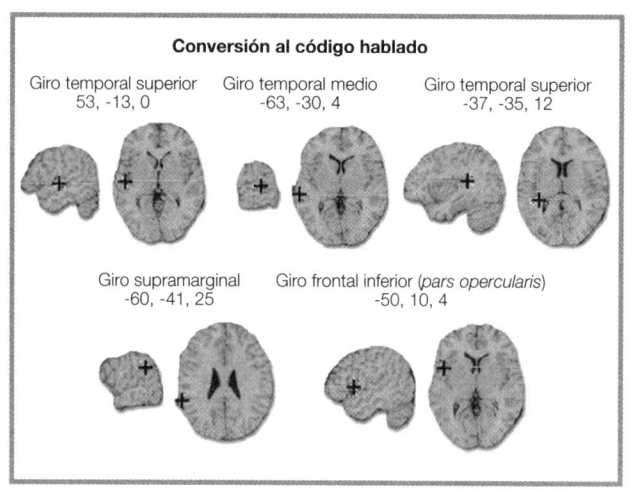

Conversión al código hablado

Giro temporal superior
53, -13, 0

Giro temporal medio
-63, -30, 4

Giro temporal superior
-37, -35, 12

Giro supramarginal
-60, -41, 25

Giro frontal inferior (*pars opercularis*)
-50, 10, 4

Figura 11. Las dos rutas de lectura, que permiten el acceso al significado o a los sonidos del habla, involucran distintos conjuntos de áreas cerebrales. Este reanálisis de docenas de experimentos muestra que, luego de un período compartido de procesamiento visual (arriba a la izquierda), dos conjuntos importantes de circuitos corticales diferencian el acceso al significado de las palabras (arriba a la derecha) de la decodificación de letras en sonidos del habla (abajo). Los dos circuitos están entrelazados y ocasionalmente colindan en la misma región anatómica. En la corteza inferior frontal, por ejemplo, parecen cohabitar las distintas regiones cercanas del significado y de la articulación.
Fuente: G. Jobard, F. Crivello, N. Tzourio-Mazoyer, "Evaluation of the dual route theory of reading: A metanalysis of 35 neuroimaging studies", *Neuroimage*, 20 (2), 3002, pp. 358-394.

de estudios de prácticas de docencia y su impacto.[50] Los tiempos parecen propicios para que en los ámbitos de la lectura y de la aritmética se desarrollen experimentos cognitivos colaborativos que cimenten una estrecha asociación entre educadores y especialistas en el cerebro y en la psicología. Eso permitirá poner a prueba las técnicas pedagógicas y su impacto (por ejemplo, ¿el entrenamiento sensorial que proponía Maria Montessori en su currículo, con un "alfabeto táctil" cursivo recortado en material rugoso como papel de lija, en verdad facilita la adquisición de la lectura cada vez que los niños siguen con su dedo el trazado de las letras?).[51] Un

50 L. C. Ehri, S. R. Nunes, S. A. Stahl y D. M. M. Willows, "Systematic phonics instruction helps students learn to read: Evidence from the National Reading Panel's meta- analysis", *Review of Educational Research*, 71, 2001, pp. 393-447; National Institute of Child Health and Human Development, *Report of the National Reading Panel. Teaching Children to Read. An Evidence-Based Assessment of the Scientific Research Literature on Reading and its Implications for Reading Instruction (NIH Publication N° 00-4769)*, Washington, DC, U.S. Government Printing Office, 2000.

51 E. Gentaz, P. Colé y F. Bara, "Évaluation d'entraînements multisensoriels de préparation à la lecture pour les enfants en grande section de maternelle: une étude sur la contribution du système haptique manuel", *L'Année Psychologique*, 104, 2003, pp. 561-584. [En *Aprender a leer*, ob. cit., Stanislas Dehaene y equipo dan respuesta a esa pregunta: "La experiencia demuestra que los ejercicios sencillos de trazado de letras con el dedo mejoran considerablemente el aprendizaje de la lectura. <Además,> desempeña un papel esencial en el desciframiento de la escritura manuscrita. En cierta medida, los lectores reconocemos los caracteres manuscritos reconstruyendo el gesto que los generó. Un área cerebral distinta, localizada en la región precentral izquierda, codifica simultáneamente la escritura y la lectura". N. de T.]

campo ya especialmente maduro en nuestros días es aquel que involucra el diseño y la evaluación de protocolos de rehabilitación para niños en riesgo de dislexia o discalculia. En la actualidad se está diseñando *software* de rehabilitación, directamente inspirado por nuestra comprensión cognitiva de la decodificación de palabras y de la aritmética, que puede ponerse a prueba con técnicas comportamentales y de neuroimágenes.[52] En los dos casos, los resultados parecen muy promisorios.

La coordinación de varias operaciones mentales

Pero volvamos a la arquitectura global de la aritmética. Acerca de las representaciones del número y de cómo desembocan en decisiones, ya describí para ustedes algunas hipótesis muy sencillas (y, por supuesto, incluso demasiado sencillas), pero que por lo menos tienen el mérito de cierta eficacia predictiva. El modelo que surge de esto supone que todos poseemos una intuición respecto de los números, un sentido de las cantidades y de sus combinaciones aritméticas (su carácter aditivo).

52 E. Temple, G. K. Deutsch, R. A. Poldrack, S. L. Miller, P. Tallal, M. M. Merzenich y J. D. Gabrieli, "Neural deficits in children with dyslexia ameliorated by behavioral remediation: Evidence from functional MRI", *Proceedings of the National Academy of Sciences of the United States of America*, 100 (5), 2003, pp. 2860-2865; A. J. Wilson, S. Dehaene, P. Pinel, S. K. Revkin, L. Cohen y D. Cohen, "Principles underlying the design of 'The Number Race', an adaptive computer game for remediation of dyscalculia", *Behavioral and Brain Functions*, 2 (1), 2006, p. 19; A. J. Wilson, S. K. Revkin, D. Cohen, L. Cohen y S. Dehaene, "An open trial assessment of 'The Number Race', an adaptive computer game for remediation of dyscalculia", ibíd., p. 20.

Sobre este núcleo central de nociones se insertan los símbolos culturales arbitrarios (palabras y números). No dispongo de tiempo suficiente para describir todas las transformaciones que esta simbolización, peculiar de la especie humana, induce en nuestro sistema cognitivo.[53] Simplemente diré que cada símbolo reúne y condensa en un pequeño objeto de pensamiento y de memoria porciones de información dispersas; pero sobre todo, que *discretiza* el *continuum* de las representaciones analógicas preverbales. La intuición aritmética que heredamos de la evolución es continua y aproximada; el aprendizaje de las palabras y de los dígitos la vuelve digital y precisa. Los símbolos nos dan acceso a algoritmos secuenciales de cálculo exacto. En este nivel, y sólo en este nivel, el cerebro es comparable a una máquina de Turing, en realidad, una computadora muy pobre, un millón de veces más lenta que la más simple de las calculadoras, y de cálculos a menudo enturbiados por errores.

La máquina de Turing humana sigue siendo muy misteriosa. ¿Cómo hacemos para eslabonar varias operaciones? ¿Cómo controlamos que se lleve a término cada etapa? La visión lineal y, por así decir, refleja de la actividad mental como mecanismo de entrada y salida –ese *input-output* que varios modelos psicológicos siguen adoptando hoy en día por comodidad– sugiere que los procesos cognitivos se eslabonan automáticamente sin supervisión alguna. Ahora bien, tan pronto

---

53 Sin embargo, véanse los ya citados P. Pica, C. Lerner, V. Izard y S. Dehaene, "Exact and approximate arithmetic in an Amazonian indigene group", y T. Verguts y W. Fias, "Representation of number in animals and humans: A neural model".

como alguien comete un error –ya sea que esté distraído o inmerso en múltiples tareas–, vemos entrar en acción otros sistemas de coordinación o ejecutivos que ocupan una posición jerárquica más elevada. Con eso, el esquema simplista de un procesamiento reflejo del tipo *input-output* debe revertirse a favor de un modelo en el cual se ejerce un fuerte control descendiente sobre el procesamiento mismo.[54] Nuestro cerebro es un órgano intencional que se fija objetivos y busca activamente las porciones de información y las acciones que llevan hacia esas metas. En cada uno de nosotros hay un ejecutivo central encargado de controlar las tareas, manejar los conflictos o los errores; pero incluso ese operador mental, que durante mucho tiempo no dejó de ser un "homúnculo" o un *deus ex machina* de la psicología, debe analizarse en mecanismos elementales.

La todavía balbuciente comprensión de estos procesos de control cognitivo saca ventaja de una observación fundamental: si bien está constituido por múltiples procesadores paralelos, en el nivel cognitivo más alto el cerebro se comporta como una máquina sorprendentemente lenta y serial, que no puede hacer más que una operación a la vez. Esta observación es muy añeja. La encontramos ya en el *Tratado del hombre*, en que René Descartes atribuye a la famosa glándula pineal nuestra imposibilidad de prestar atención simultáneamente al olfato y a la visión. Dice Descartes:

---

54 T. Shallice, *From Neuropsychology to Mental Structure*, Nueva York, Cambridge University Press, 1988; M. I. Posner y M. K. Rothbart, "Attention, self-regulation and consciousness", *Philosophical Transactions of the Royal Society B: Biological Sciences*, 353 (1377), 1998, pp. 1915-1927.

Mientras la inclinación obligada hacia un lado se impone, esta impide a la glándula recibir con tanta facilidad las ideas de los objetos que actúan sobre los órganos de los demás sentidos. [...] A partir de esto entendemos cómo las ideas se estorban unas a otras; de ahí que no podamos estar muy atentos a muchas cosas al mismo tiempo.[55]

El estudio de las colisiones mentales entre varias operaciones simultáneas se volvió una herramienta muy fructífera para los psicólogos, tanto como el acelerador de partículas puede serlo para los físicos (figura 12). Haciendo saltar por los aires una tarea cognitiva y destrozándola, la colisión devela una organización interna compleja e insospechada. En 1931, Charles W. Telford descubrió la existencia de un fenómeno que denominó "período psicológico refractario" (PRP, por sus iniciales en inglés), que más tarde caracterizaron el inglés Alan Welford, su compatriota psicólogo experimental Donald Eric Broadbent y –en fecha más reciente– el estadounidense Hal Pashler.[56] Pidamos a los sujetos de un

---

55 "Pendant que cette glande est retenue ainsi penchée vers quelque côté, cela l'empêche de pouvoir si aisément recevoir les idées des objets qui agissent contre les organes des autres sens. [...] D'où vous voyez comment les idées s'empêchent l'une l'autre, et d'où vient qu'on ne peut être fort attentif à plusieurs choses en même temps". Se cita aquí según la versión castellana incluida en el vol. *Descartes* [*Reglas para la dirección del espíritu... Tratado del hombre*], Madrid, Gredos, "Biblioteca de grandes pensadores", 2011, p. 725, con un leve retoque. [N. de T.]

56 H. Pashler, "Dual-task interference in simple tasks: Data and theory", *Psychological Bulletin*, 116 (2), 1994, pp. 220-244; G. D. Logan y R. D. Gordon, "Executive control of visual attention

experimento que hagan dos tareas sucesivas (por ejemplo, responder a un sonido pero también comparar una cifra). Cuando entre los dos estímulos media un intervalo de tiempo prolongado, cada tarea es tratada sin dificultad, en un lapso fijo. Cuando el intervalo disminuye, la latencia de la primera respuesta queda constante; en cambio, la segunda se torna más lenta. En el caso límite en que los dos estímulos se presentan al mismo tiempo, la segunda tarea debe esperar un lapso considerable, como si sufriese el contragolpe de un PRP generado por la primera.

Pese a todo, los trabajos de Hal Pashler demuestran que no se aminora la velocidad de la segunda tarea completa.[57] Ni la percepción de los estímulos ni la realización de la respuesta se difieren durante la realización simultánea de dos tareas. Sólo una etapa llamada "central" parece sufrir un "cuello de botella" en que las operaciones mentales se realizan en serie, no en paralelo. Las investigaciones del argentino Mariano Sigman sugieren que hay una relación estrecha entre esta etapa central y el modelo de acumulación estocástica que ya les presenté: sólo la toma de decisiones estocástica parece responsable de ese "cuello de botella central".[58] Podemos reconocer varios objetos o realizar varias respuestas en paralelo, pero no tomar varias de-

in dual-task situations", *Psychological Review*, 108 (2), 2001, pp. 393-434.

57 H. Pashler, "Processing stages in overlapping tasks: Evidence for a central bottleneck", *Journal of Experimental Psychology. Human Perception and Performance*, 10 (3), 1984, pp. 358-377, y "Dual-task interference in simple tasks…", cit.

58 M. Sigman y S. Dehaene, "Parsing a cognitive task: A characterization of the mind's bottleneck", cit., y "Dynamics

cisiones en simultáneo. Una vez más, al respecto hay una interesante convergencia con la psicofísica. En el ámbito de las decisiones perceptivas, Andrei Gorea, del Laboratoire Psychologie de la Perception parisino, y Dov Sagi, del Instituto Weizmann de Ciencias en Rehovot, demuestran que el cerebro no es capaz de adoptar simultáneamente dos criterios óptimos de respuesta en momentos en que harían falta dos tomas de decisiones diferenciadas.[59]

Se debatieron varias interpretaciones de estos resultados. Pashler, un poco como Descartes, avizora un "cuello de botella" pasivo, surgido de la arquitectura misma del sistema nervioso: el operador de la selección de respuestas no puede atender dos respuestas a la vez. A esto se debe que la primera tarea en que se compromete se efectúe de inmediato, mientras que la segunda queda en compás de espera. Para otros, como David Meyer, Robert Gordon o Gordon Logan, el tratamiento serial resulta de una estrategia adoptada para minimizar las interferencias. Por último, para David Navon, Jeff Miller o Pierre Jollicœur, los recursos centrales pueden repartirse entre varias operaciones, pero un proceso de coordinación –que todavía no se especificó del todo– evalúa si es ventajoso dar prioridad a una operación en detrimento de la otra.

Empíricamente, en verdad se observan desaceleraciones vinculadas a la coordinación de las tareas múltiples, que desde luego insumen más tiempo y que las

of the central bottleneck: Dual-task and task uncertainty", *PLoS Biology*, 4 (7), e220, Public Library of Science, 2006.

59 A. Gorea, F. Caetta y D. Sagi, "Criteria interactions across visual attributes", *Vision Research*, 45 (19), 2005, pp. 2523-2532.

neuroimágenes asocian de modo sistemático a las regiones prefrontales y parietales.[60] Por ejemplo, el psicólogo inglés Alan Allport demuestra que el paso de una tarea a la otra insume un costo medible, vinculado a la implementación y al abandono de una estrategia (o bien a un *switch* entre conjuntos de tareas). Paul Bertelson, al igual que David Navon y Daniel Gopher, también describen efectos de competición entre tareas: incluso si las operaciones distan unas de otras en el tiempo, el simple hecho de sostener dos estrategias listas para su uso torna más lenta la concreción de una y otra.

La supervisión central y su vínculo con el acceso a la conciencia

Todas estas observaciones, y tantas otras más, son índice de un sistema de control cognitivo muy complejo, especialmente bien desarrollado en la especie humana. Es fraccionable en múltiples procesos: algunos de ellos, responsables de la implementación de una estrategia; otros, de que dicha estrategia quede en compás de espera, de divergir temporariamente hacia otra tarea, de orientar la atención, de detectar errores, etc.[61] Todas esas operaciones aparecen en un nivel jerárquico superior a los proce-

60 R. Marois y J. Ivanoff, "Capacity limits of information processing in the brain", *Trends in Cognitive Sciences*, 9 (6), 2005, pp. 296-305.
61 Véase, por ejemplo, E. Koechlin, C. Ody y F. Kouneiher, "The architecture of cognitive control in the human prefrontal cortex", *Science*, 302 (5648), 2003, pp. 1181-1185.

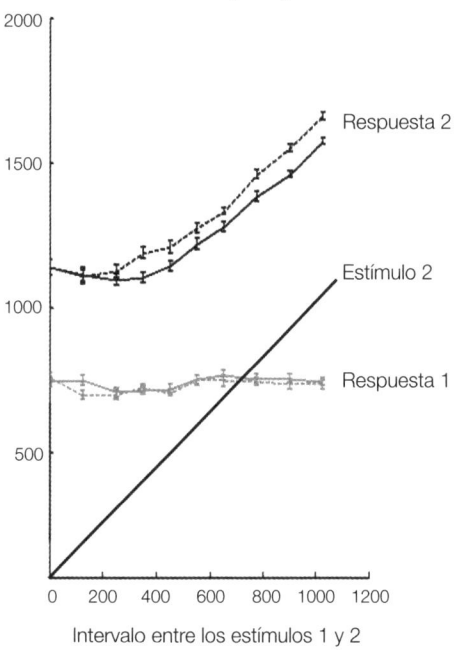

A. Fenómeno de "período psicológico refractario" (PRP)

Respuesta 2

Estímulo 2

Respuesta 1

Intervalo entre los estímulos 1 y 2

Figura 12. Límites centrales en la realización simultánea de dos tareas cognitivas. Cuando pedimos que se realicen dos tareas sucesivas, notamos que, conforme el intervalo entre los estímulos se reduce, la respuesta a la segunda tarea se vuelve más lenta en la misma proporción (A). El modelo de "cuello de botella" (B) atribuye esa baja de velocidad a una etapa central serial, mientras que las etapas perceptivas y motoras más automatizadas pueden sostenerse en paralelo. De acuerdo con el modelo de espacio de trabajo global (C), ese "cuello de botella central" se debe a la arquitectura de los procesadores cerebrales. Esta última, en su nivel más alto, conlleva un juego de

B. Modelo de "cuello de botella"

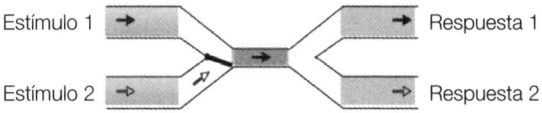

C. Modelo de espacio de trabajo global neuronal

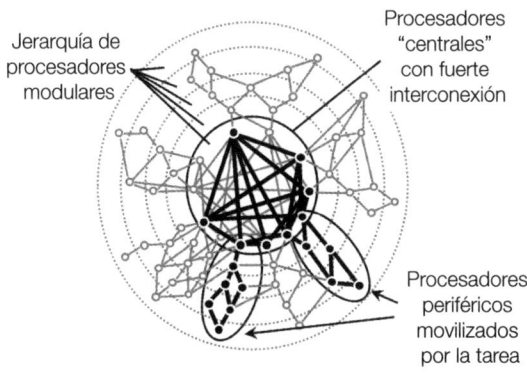

procesadores cerebrales densamente interconectados, que implica sobre todo a las cortezas frontales y parietales, cuya activación está asociada a las operaciones mentales seriales con control consciente.
Fuente: A) M. Sigman y S. Dehaene, "Parsing a cognitive task: A characterization of the mind's bottleneck", cit.; B) H. Pashler, "Dual-task interference in simple tasks...", cit.; C) S. Dehaene, C. Sergent y J.-P. Changeux, "A neuronal network model linking subjective reports and objective physiological data during conscious perception", *Proceedings of the National Academy of Sciences of the United States of America*, 100 (14), 2003, pp. 8520-8525.

sos de percepción, acceso al sentido o realización de una respuesta motora (que son más automáticos).

Entre los descubrimientos más interesantes de estos últimos años figura la confirmación de que esta división jerárquica de la cognición está estrechamente vinculada con la distinción entre operaciones conscientes e inconscientes. El estudio de la percepción subliminal demostró que el conjunto de procesos del primer nivel puede activarse en ausencia de conciencia. Debemos a Ken Forster, Anthony Greenewald o Jonathan Grainger refinadas demostraciones de reconocimiento visual inconsciente. Además, los trabajos de Tony Marcel, confirmados –con ayuda de las técnicas de imágenes del cerebro y de la electrofisiología– por Lionel Naccache y varios otros, demuestran que aun representaciones conceptuales y motoras pueden activarse sin que tengamos la menor conciencia al respecto.[62] Según Goodale y Milner, el conjunto de la cadena visual-motora dorsal obra por fuera de cualquier introspección consciente; con refinamiento, Yves Rossetti habla del "piloto automático" de nuestros gestos.

A la inversa, todas las operaciones que dependen del control cognitivo parecen no poder llevarse a cabo sin que seamos conscientes de ellas. Según Larry Jacoby,

---

62 Véanse reseñas en S. Dehaene, "The neural bases of subliminal priming", en N. Kanwisher y J. Duncan (eds.), *Functional Neuroimaging of Visual Cognition*, Nueva York, Oxford University Press, "Attention and Performance Series", 20, 2004, y S. Kouider y S. Dehaene, "Levels of processing during nonconscious perception: A critical review of visual masking", *Philosophical Transactions of the Royal Society B: Biological Sciences*, 362 (1481), 2007, pp. 857-875.

el actuar contra nuestros automatismos cognitivos –por ejemplo, decir "rojo" cuando vemos la palabra "verde"– necesita un control consciente y nos lleva al núcleo mismo del método de disociación del proceso inclusión/exclusión para estudiar el tratamiento consciente.[63] Cuando sobreviene un conflicto o un error en los procesos de nivel más bajo, el control cognitivo aumenta durante los ensayos posteriores; pero este recobrado control sólo se da cuando se detecta conscientemente el conflicto, no cuando los estímulos se presentan por debajo del umbral de conciencia.[64]

Podemos hacer el intento de resumir estas observaciones mediante dos leyes sencillas. En primer lugar, un estímulo no consciente puede viajar por una serie de etapas perceptivas, conceptuales y motoras, preparadas por el ejecutivo central. En segundo lugar, el acceso al sistema de procesamiento central y a los procesos mismos necesariamente va a acompañado por una toma de conciencia. Según este modelo, la conciencia se muestra asociada a un sistema cerebral serial, de capacidad limitada, responsable del control de otras operaciones mentales.

Tal vez parezca sorprendente que no tengamos más que una conciencia, limitada a un objeto de pensamiento por vez, y además es probable que estudios más profundos logren discernir límites de esta ley de

63 J. A. Debner y L. L. Jacoby, "Unconscious perception: Attention, awareness, and control", *Journal of Experimental Psychology. Learning, Memory and Cognition*, 20 (2), 1994, pp. 304-317.

64 W. Kunde, "Sequential modulations of stimulus-response correspondence effects depend on awareness of response conflict", *Psychonomic Bulletin and Review*, 10 (1), 2003, pp. 198-205.

serialidad central. De todos modos, el hecho de que nuestra conciencia del mundo exterior se ve estrechamente acotada queda confirmado por los trabajos de George Sperling, prolongados por Jane Raymond, Kimron Shapiro y John Duncan. Conforme al paradigma de colisión mental, estos expertos demuestran que un estímulo presentado durante el tratamiento central de otro objetivo o "blanco" puede (literalmente) borrarse de la conciencia. Cuando a ese estímulo le sigue una "máscara", su procesamiento no sigue hasta el final y su percepción consciente se desvanece: el sujeto afirma que no se le presentó estímulo alguno. Este fenómeno es conocido como "parpadeo atencional": el hecho de tomar conciencia de la primera porción de información cierra temporariamente el acceso a la segunda.[65]

El nexo entre la atención ejecutiva y la conciencia se afianza mediante otras ilusiones visuales. Kevin O'Regan desarrolló junto con Ronald Rensink un paradigma de "ceguera al cambio", que consiste en presentar de modo alternado dos imágenes diferentes; su continuidad se interrumpe con un *flash*: la exposición de la pantalla en blanco que impide la atracción automática de la atención hacia las regiones en que la imagen cambia. En esas condiciones, es posible que permanezcamos varias decenas de segundos contemplando esas imágenes en

65 J. E. Raymond, K. L. Shapiro y K. M. Arnell, "Temporary suppression of visual processing in an RSVP task: An attentional blink?", *Journal of Experimental Psychology. Human Perception and Performance*, 18 (3), 1992, pp. 849-860; C. Sergent, S. Baillet y S. Dehaene, "Timing of the brain events underlying access to consciousness during the attentional blink", *Nature Neuroscience*, 8 (10), 2005, pp. 1391-1400.

alternancia sin ver que ante nuestros propios ojos se produjo un cambio sustancial.[66]

Como demostración adicional de los límites que la atención impone al acceso a la conciencia, Irving Rock y Arien Mack embarcaron a personas en una tarea difícil que requiere prestar atención a su campo visual periférico. Enseguida presentaron un estímulo luminoso, contrastante, ante el centro de la fóvea –precisamente la zona de la retina donde se concentran los rayos lumínicos– durante lapsos que llegaban hasta los 700 ms. Inmediatamente después detuvieron la prueba para interrogar a los sujetos: ¿detectaron algo anormal o inesperado? En su mayoría, los participantes señalaron no haber percibido cosa alguna.[67]

Experimentos como esos abren una ventana hacia uno de los problemas más agudos en psicología cognitiva: ¿qué es la conciencia? Algunos filósofos pusieron de relieve el notorio hiato entre el carácter subjetivo de la experiencia consciente y el análisis objetivo, en tercera persona, que uno puede realizar valiéndose de los métodos de la psicología cognitiva. En opinión de ellos, la experiencia consciente –que por naturaleza es subjetiva– sería elusiva a la experimentación. No comparto ese parecer. Paradigmas como el enmascaramiento, el parpadeo atencional, la ceguera al cambio

---

66 R. A. Rensink, J. K. O'Regan y J. Clark, "To see or not to see: The need for attention to perceive changes in scenes", *Psychological Science*, 8, 1997, pp. 368-373; D. J. Simons y M. S. Ambinder, "Change blindness: Theory and consequences", *Current Directions of Psychological Science*, 14 (1), 2005, pp. 44-48.

67 A. Mack e I. Rock, *Inattentional Blindness*, Cambridge (Massachusetts), MIT Press, 1998.

(y tantos otros) prestan testimonio de que existen condiciones experimentales reproducibles en las cuales todos los sujetos coinciden en cuanto a la índole de su experiencia consciente. Estos fenómenos nos permiten identificar bases cerebrales objetivas de la conciencia subjetiva.

En años recientes, perdimos la cuenta de la cantidad de ilusiones, errores o alucinaciones que, sin excepción, fueron modelizados y atribuidos a bases neuronales objetivas. La síntesis que comienza a surgir a partir de esos estudios asocia el acceso consciente (o, sin más, la conciencia) a un sistema parieto-frontal que amplifica, reúne y organiza la información provenientes de otras regiones corticales para integrarlas en un comportamiento intencional y controlado.[68] Esta idea no es nueva; Willliam James ya la anticipaba destacando que "*por complejo que pueda ser el objeto, el pensamiento de este es un estado de conciencia indiviso*".[69] Y en 1921 el neurólogo y psiquiatra italiano Leonardo Bianchi[70] hablaba de un "campo de síntesis mentales", especialmente desarrollado en el hombre, que él asociaba al lóbulo

---

68 S. Dehaene, J.-P. Changeux, L. Naccache, J. Sackur y C. Sergent, "Conscious, preconscious, and subliminal processing: A testable taxonomy", *Trends in Cognitive Sciences*, 10 (5), 2006, pp. 204-211; S. Dehaene y L. Naccache, "Towards a cognitive neuroscience of consciousness: Basic evidence and a workspace framework", *Cognition*, 79, 2001, pp. 1-37.

69 W. James, *The Principles of Psychology*, t. I, ob. cit. [La cita corresponde a p. 276: "*However complex the object may be, the thought of it is one individed state of consciousness*" –destacado en el original–. N. de T.]

70 L. Bianchi, *La mécanique du cerveau et la fonction des lobes frontaux*, París, Louis Arnette, 1921.

frontal. En 1989, el investigador en neurobiología teórica Bernard Baars –creador de la teoría de espacio de trabajo global– utilizaba la más que tradicional metáfora del escenario teatral, precisamente el "espacio de trabajo" de la mente donde se reúne la información consciente para luego difundirla o "transmitirla" a una variedad de procesos mentales.

En la actualidad, la neuroanatomía y las técnicas de neuroimágenes empiezan a dar cuerpo a esas metáforas. Confirman que las áreas prefrontales están implicadas en una red asociativa ampliamente distribuida, cuya activación repentina y coordinada constela cada acceso de información a la conciencia. Con punto de partida en las perspectivas más diversas, los trabajos de neurofisiólogos, especialistas en neuroimagen y psicólogos como Victor Lamme, Christopher Koch o Vincent Di Lollo convergen en resaltar el papel protagónico que desempeña en el acceso a la conciencia la amplificación neuronal descendente a larga distancia.

Jean-Pierre Changeux, Lionel Naccache y yo sostuvimos una teoría similar: la información representada por la descarga (o "encendido", según se ve en los estudios de imágenes del cerebro) de una población de neuronas especializadas accede a la conciencia cuando entra en reverberación con otras neuronas distantes, asociadas a procesos intencionales, mnémicos y ejecutivos, que están localizadas en las áreas conocidas como "asociativas" de las cortezas temporales, parietales y prefrontales. Distintas simulaciones informáticas "neurorrealistas", pese a su carácter todavía rudimentario, confirman que redes reverberantes de ese tipo poseen propiedades objetivas de transición de fase cuyas características reproducen los fenómenos más elementales asociados a la vigilia y al acceso consciente.[71] En especial, elucidan por qué un muy marcado umbral no lineal de conciencia separa dos estados de actividad que se corresponden respectivamente con operaciones subliminales y con operaciones conscientes.

Todos estos trabajos de investigación, muy recientes, abren la senda hacia una definición teórica de la conciencia. Sin embargo, para alcanzar ese objetivo todavía hay que superar dos obstáculos fundamentales. El primero consiste en pasar de simples correlaciones a las respectivas relaciones de causa y efecto. En verdad, las técnicas de neuroimágenes cognitivas sólo pueden mostrar una correlación entre ciertos estados de actividad del cerebro y el acceso de la información a la conciencia. Así, forzosamente dejan abierta lo que los filósofos Tom Nagel y Ned Block llaman "brecha explicativa" entre el nivel material y el nivel del psiquismo, lo que llevó a algunos filósofos, psicólogos e incluso fisiólogos, como sir John Eccles, al auténtico callejón sin salida del dualismo.

En el futuro, la demostración de una relación de causalidad –y, en última instancia, de identidad– entre estados neuronales y estados mentales conscientes requerirá la utilización de técnicas que interfieren con la actividad cerebral. La estimulación magnética transcraneal (TMS, por sus iniciales en inglés) es una técnica ya antigua de inducción de corrientes en el cerebro y se volvió un recurso muy consolidado. Cuando se la aplica en la corteza visual, esta estimulación suscita ilusiones perceptivas de

---

71 S. Dehaene y J.-P. Changeux, "Ongoing spontaneous activity ontrols access to consciousness: A neuronal model for inattentional blindness", *PLoS Biology*, 3 (5), e141, Public Library of Science, 2005.

luz o de movimiento.[72] A la inversa, cuando se la aplica a las regiones parietales implicadas en la orientación de la atención espacial, puede borrar la percepción consciente de un estímulo real.[73] Así, la TMS y otras técnicas de interferencia, si se utilizan con rigurosos estándares de seguridad y líneas éticas de acción, están en condiciones de cumplir un rol fundamental en el trazado de nexos causales entre la orientación de la atención, la integración central y la percepción consciente.

El segundo obstáculo que enfrentar para afianzar una teoría de la conciencia es de otro tipo. La conciencia –nos dice William James– es un torrente ininterrumpido, un permanente fluir de pensamiento, comparable a un ave que constantemente alterna entre levantar vuelo y posarse. Me gusta esa metáfora que se enlaza con el enfoque propuesto por el neurofisiólogo colombiano Rodolfo Llinás: el cerebro funciona conforme a un modo anticipatorio, incesantemente activo, que resitúa el pasado para anticipar mejor el futuro. Pese a todo, demasiadas veces la psicología cognitiva desdeñó ese estado interno del sujeto consciente, contentándose con bombardear a personas con estímulos y recopilar sus respuestas. Desde luego, este desafortunado respaldo en paradigmas estímulo-respuesta a modo de reflejo también es resultado de una limitación experimental (¿cómo podríamos inferir la estructura de las representaciones mentales sin compilar mediciones comportamentales?). En este trance, una vez

---

72 J. Silvanto, A. Cowey, N. Lavie y V. Walsh, "Striate cortex (V1) activity gates awareness of motion", *Nature Neuroscience*, 8 (2), 2005, pp. 143-144.

73 D. M. Beck, N. Muggleton, V. Walsh y N. Lavie, "Right parietal cortex plays a critical role in change blindness", *Cerebral Cortex*, 16 (5), 2006, pp. 712-717.

más, las técnicas de imágenes del cerebro pueden aportar una solución. Cuando una persona a la cual no se dio instrucciones está en reposo, el cerebro muestra una intensa activación estructurada, a menudo parieto-frontal, que fluctúa entre varios estados correlacionados a larga distancia.[74] El estímulo externo interrumpe brevemente ese flujo, que recomienza una vez terminada la tarea. De acuerdo con Pierre Maquet y Steven Laureys, esta actividad espontánea distribuida caracteriza el estado de vigilia consciente: desaparece bajo anestesia y en el sueño profundo, está ausente en pacientes comatosos o en estado vegetativo, pero reaparece cuando ellos recobran la conciencia.[75] En otros términos: ese estado espontáneamente activado puede constituir un sólido correlato neuronal de la vigilia consciente. Esta actividad espontánea se altera drásticamente en casos de depresión y de esquizofrenia; así, abre nuevas perspectivas de comprensión de las enfermedades psiquiátricas.

Por eso, querría proponer como desafío experimental decisivo para los próximos años que la actividad mental autónoma, soslayada tan a menudo, recobre su estatuto

74 H. Laufs, K. Krakow, P. Sterzer, E. Eger, A. Beyerle, A. Salek-Haddadi y A. Kleinschmidt, "Electroencephalographic signatures of attentional and cognitive default modes in spontaneous brain activity fluctuations at rest", *Proceedings of the National Academy of Sciences of the United States of America*, 100 (19), 2003, pp. 11 053-11 058; M. E. Raichle, A. M. MacLeod, A. Z. Snyder, W. J. Powers, D. A. Gusnard y G. L. Shulman, "A default mode of brain function", *Proceedings of the National Academy of Sciences of the United States of America*, 98 (2), 2001, pp. 676-682.

75 S. Laureys, "The neural correlate of (un)awareness: Lessons from the vegetative state", *Trends in Cognitive Sciences*, 9, 2005, pp. 556-559.

de objeto central de estudio para la psicología cognitiva. Nuestros experimentos suelen forzar a los participantes a tareas cognitivas muy acotadas. Si confiamos en entender el fluir de conciencia espontáneo, debemos imaginar nuevos métodos experimentales que den a los sujetos una libertad tanto mayor.

Un enfoque de este tipo parece de especial importancia en el ámbito del desarrollo. El bebé y el niño pequeño nunca están sometidos pasivamente a su entorno. Incluso en experimentos neurofisiológicos con animales, el aprendizaje asociativo pasivo queda descartado: no es un modelo adecuado para dar cuenta de los cambios inducidos por la plasticidad neuronal y por la recompensa.[76] En su enorme mayoría, las situaciones de aprendizaje (y especialmente aquellas que se producen en las aulas) requieren una mente activa, con voluntad de exploración, con competencias preexistentes y que hace una selección entre ellas mediante un proceso igualmente activo de generación y puesta a prueba de hipótesis.

Por supuesto, la automatización y la rutinización también son procesos importantes de aprendizaje que actúan "entre bastidores" para respaldar procesos fluidos de lectura o de aritmética. Esta es la parte del desarrollo cognitivo que empezamos a entender relativamente bien, gracias a la articulación entre la experimentación y la creación de modelos. Sin embargo, sabemos muy poco de la otra cara de la moneda: el proceso activo de aprendizaje que permite a los niños "atrapar" y comprender plenamente

---

76 D. T. Blake, M. A. Heiser, M. Caywood y M. M. Merzenich, "Experience-dependent adult cortical plasticity requires cognitive association between sensation and reward", *Neuron*, 52 (2), 2006, pp. 371-381.

una idea o una regla y que además permite el aprendizaje en ese solo intento y su generalización. Aquí acaso haga falta un tipo muy distinto de arquitectura cognitiva, sostenida por procesos efectuados en el fuero interno, en que la actividad espontánea y la selección por obra de sistemas de recompensa desempeñan un papel central.[77]

A modo de conclusión

Llegan ahora unas breves palabras finales. A lo largo de esta exposición, intenté dejarles en claro que la cognición humana obedece a leyes estrictas, de las cuales no están exentas siquiera las facetas más subjetivas de nuestra percepción consciente. Ya recorrimos un camino considerable desde que en 1913 John W. Watson señalaba:

> Según las perspectivas behavioristas, la psicología es una rama experimental puramente objetiva de las ciencias naturales. [...] La introspección no constituye una porción esencial de sus métodos; tampoco el valor científico de sus datos depende de la facilidad con que estos se ofrecen a la interpretación en términos de conciencia.[78]

---

77 S. Dehaene y J.-P. Changeux, "Reward-dependent learning in neuronal networks for planning and decision making", *Progress in Brain Research*, 126, 2000, pp. 217-229; N. P. Rougier, D. C. Noelle, T. S. Braver, J. D. Cohen y R. C. O'Reilly, "Prefrontal cortex and flexible cognitive control: Rules without symbols", *Proceedings of the National Academy of Sciences of the United States of America*, 102 (20), 2005, pp. 7338-7343.

78 J. B. Watson, "Psychology as the behaviorist views it", *Psychological Review*, 20, 1913, pp. 158-177. [La cita consta

Por el contrario, en la psicología de nuestros días los datos subjetivos de la conciencia son objetos de estudio legítimos, que la modelización y las técnicas de imágenes del cerebro pueden poner en relación directa con datos objetivos de la arquitectura cerebral.

Por mi parte, creo profundamente en una renovación del programa psicofísico de Fechner, Wundt, Ribot y Piéron, pero un programa que, después de volverse "neurofísico", vaya más allá de la simple descripción de leyes psicológicas formales para anclarse, sin ambigüedad posible, en el nivel neuronal. La explicación última de las percepciones, las ilusiones, las decisiones o las emociones en tanto objetos mentales debe formularse en términos de leyes dinámicas de transiciones en redes neuronales. Por ende, tendremos que concebir nuevas teorías para "suplantar, con lo invisible sencillo, lo visible complicado", como decía el físico Jean Perrin. Valoro plenamente la inmensa oportunidad que tenemos al vivir en una época en que los avances conjuntos de la psicología y de la neuroimagen cognitiva nos permiten anticipar que finalmente –como si fuera a cráneo abierto– volveremos visibles los mecanismos del pensamiento.

------

al comienzo del artículo: "Psychology as the behaviorist views it is a purely objective experimental branch of natural science. Its theoretical goal is the prediction and control of behavior. Introspection forms no essential part of its methods, nor is the scientific value of its data dependent upon the readiness with which they lend themselves to interpretation in terms of consciousness". N. de T.]

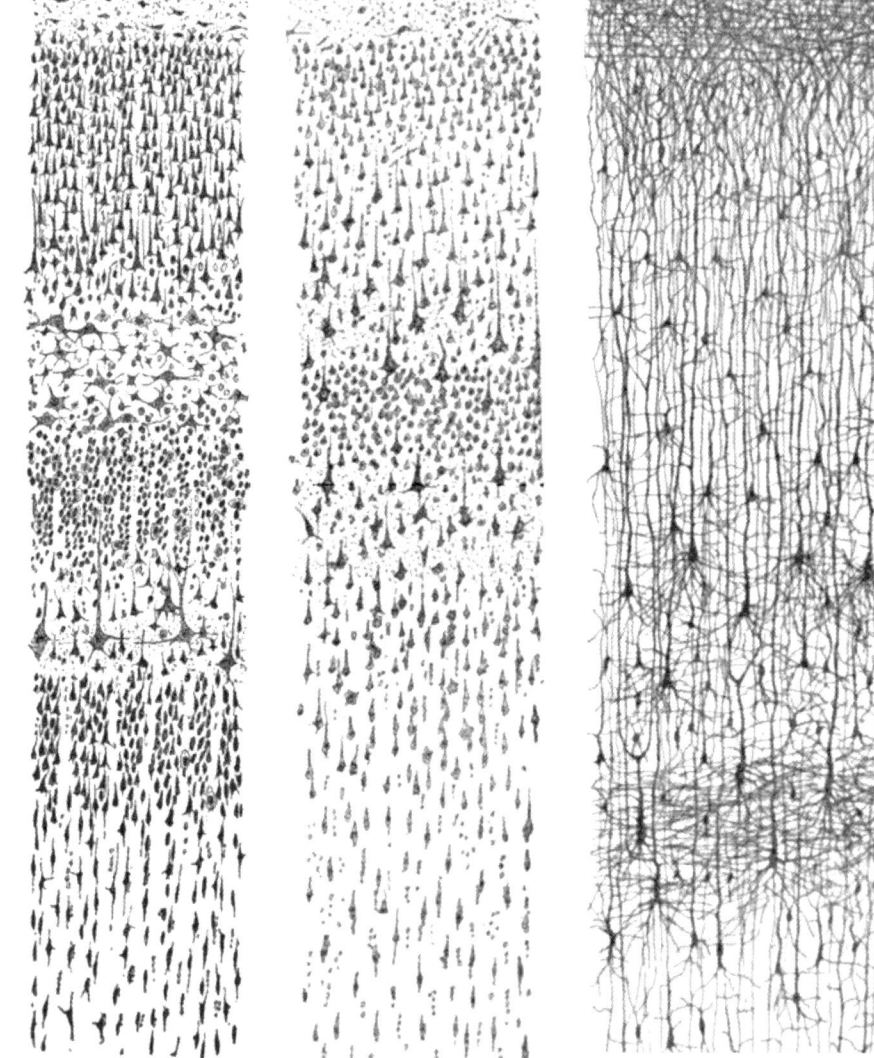